茶叶市场营销学

单治国　罗光瑾　张春花◎主编

中国商业出版社

图书在版编目（CIP）数据

茶叶市场营销学 / 单治国，罗光瑾，张春花主编. 北京 ：中国商业出版社，2025. 5. -- ISBN 978-7-5208-3213-7

Ⅰ. F724.782

中国国家版本馆CIP数据核字第2024J1V577号

责任编辑：聂立芳
策划编辑：张 盈

中国商业出版社出版发行
（www.zgsycb.com 100053 北京广安门内报国寺1号）
总编室：010-63180647 编辑室：010-63033100
发行部：010-83120835/8286
新华书店经销
三河市悦鑫印务有限公司印刷

*

710毫米×1000毫米 16开 11.5印张 205千字
2025年5月第1版 2025年5月第1次印刷
定价：79.00元

* * * *

（如有印装质量问题可更换）

前言

PREFACE

茶叶，这一承载着千年文化的神奇饮品，自古以来就深受人们的喜爱。它不仅是一种味觉的享受，更是一种生活的态度和文化的传承。随着时代的变迁，茶叶市场也在不断地演变和发展，茶叶市场营销学正是在这样的背景下应运而生。茶叶市场营销学是一门研究茶叶市场运行规律和营销策略的学科，它涵盖了茶叶市场的各个方面，从消费者需求、市场定位、产品策略到销售沟通与促销策略等。通过对茶叶市场营销学的学习，我们可以更好地了解茶叶市场的现状和发展趋势，掌握茶叶营销的技巧和方法，为茶叶产业的繁荣和发展作出贡献。

本书旨在全面系统地介绍茶叶市场营销学的相关知识，为茶叶产业的从业者、研究者，以及广大茶叶爱好者提供一个全面的理论框架和实践指导。全书共分为八章，内容涵盖了茶叶市场营销学的概念、市场与市场营销管理、茶叶市场营销环境、茶叶市场营销战略规划、茶叶市场购买分析、茶叶市场定位、茶产品策略以及茶叶销售沟通与促销策略等方面。在编写过程中，我们注重理论与实践的结合，通过丰富的案例分析和实战经验，帮助读者更好地理解和掌握茶叶市场营销学的知识，同时，将最新的营销理念和策略融入书中，使本书更具实用性和前瞻性。

本书在编写过程中，参考了很多专家、学者的理论报告和文献资料，在此对这些专家和学者表示衷心的感谢。由于时间精力有限，本书难免存在疏漏和缺陷，衷心希望各位读者批评指正！

作　者

2024 年 1 月

目 录

CONTENTS

第1章　绪　论

1.1　茶叶市场营销学的概念

1.1.1　茶叶市场营销学的定义

茶叶市场营销学简称茶叶营销学，也可称为茶叶经营学、茶叶营销管理，还被称为茶叶市场学等。

茶叶市场营销学有多种解释，总体来说是研究茶叶市场营销活动规律的学科，就是一门研究如何识别、预测并满足顾客对茶叶的需求，得以盈利的管理过程的学科。它强调茶叶企业盈利是一个过程，这个过程就是从市场调查、识别、预测顾客对茶叶的需求开始，直至通过一系列活动不断满足顾客需求的过程；同时强调这一过程是一个管理协调的过程。茶叶企业是否盈利取决于是否能真正把握顾客对茶叶的需求，并能真正满足顾客对茶叶的这些需求。因此，茶叶市场营销学可以具体解释为：是一门研究茶叶产业以及茶叶企业如何适应和引导顾客对茶叶的需求，有计划地组织和管理产业或企业的整体活动，把满足要求的茶叶商品或服务送到顾客手中，从而获取最大限度利润的学科。

茶叶市场营销学的含义概括起来有三点：第一，研究茶叶产业以及茶叶企业的经营理论，即探讨如何以顾客为中心组织与管理产业和企业的整体营销活动及其经营活动的规律。第二，研究茶叶产业以及茶叶企业的经营思想，即探讨如何在产业和企业建立满足顾客现实的和潜在的需求的经营思想。第三，研究茶叶产业以及茶叶企业的经营战略与策略，即探讨采取什么样的市场手段、经营策略和方法来最有效地实现产业和企业的战略目标。只有从这三方面来理解茶叶市场营销学的含义，才能较完整地反映茶叶营销的固有含义，反映其丰富的内涵。

茶叶市场营销学强调，茶叶企业的全部活动必须以茶叶消费者需求为中心，这是茶叶企业能否生存和发展的关键，是茶叶企业经营的指导思想。因为满足消费者对茶叶的需求与满足茶叶生产经营者获取利润的需求，两者是并行不悖的，它们之间是相互满足的交换关系，而茶叶消费者需求能否得到满足，是这种交换关系的基础。

1.1.1.1 茶叶市场营销学的研究内容

根据茶叶市场营销学的概念，茶叶市场营销的研究内容主要包括以下三个方面。

（1）市场环境与企业经营战略。根据企业内部环境分析、企业外部环境分析以及企业内外部环境综合分析等，茶叶企业需要制定相应的经营战略和具体策略，以确保最有效地实现企业的战略目标。

首先，企业内部环境分析是制定经营战略的基础。茶叶企业需要了解自身的优势和劣势，包括品牌、产品、技术、渠道等方面的实力。通过明确自身的核心竞争力，企业可以制定出更具针对性的经营战略。例如，如果企业在茶叶品质方面具有优势，可以注重提升产品品质，打造高端品牌形象；如果企业在渠道方面具有优势，可以注重拓宽销售渠道，扩大市场份额。

其次，企业外部环境分析是制定经营策略的关键。茶叶企业需要了解市场需求、竞争态势、政策法规等方面的信息，以便制定出更符合市场需求的经营策略。例如，如果市场需求呈现多元化趋势，企业可以推出不同口味、包装的茶叶产品，以满足不同消费者的需求；如果竞争态势较为激烈，企业可以采取差异化竞争策略，突出自身的独特卖点；如果政策法规对茶叶产业有所限制，企业需要调整经营策略，以适应市场变化。

最后，企业内外部环境综合分析是制定经营战略的必要环节。茶叶企业需要将内部环境和外部环境结合起来，综合考虑各种因素，制定出更为全面和可行的经营战略。例如，如果企业内部实力较强，但市场份额较低，可以采取市场拓展策略，加大宣传力度，提高品牌知名度和美誉度；如果外部市场需求增长较快，但竞争激烈，可以采取合作共赢策略，与其他茶叶企业进行合作，共同开拓市场。

（2）目标市场研究。在目标市场研究中，总体市场分析是一个重要的环节。这不仅涉及对市场容量的评估，还需要深入了解消费者的偏好和需求。例如，一些消费者可能倾向于选择有机、绿色的茶叶产品，而另一些消费者可能更注重茶叶的口感和品质。此外，交通便利性也是不可忽视的因素，特别是在物流和配送方面，它直接影响消费者的购买体验和企业的运营效率。目标市场细分是目标市场研究中的关键步骤。通过将原有市场按照消费者的一定特性进行细分，企业可以更好地了解各个细分市场的竞争情况和需求特点，例如，可以根据消费者的年龄、性别、收入、消费习惯等因素进行市场细分。通过对每个细分市场的竞争格局进行分析，企业可以发现自身的竞争优势和市场机会，进而采取相应的营销战略，以满足不同细分市场的需求。市场定位是企业为了适应消费者的某一特定需求而设计其产品和营销组合的行为。一个准确的市场定位可以帮助企业更好地满足目标市场的需求，提高品牌知名度和美誉度，例如，如果企业的目标市场是高端消费者，那么其产品品质、包装设计和营销策略都应该符合高端市场的定位。通过精准的市场定位，企业可以更好地与消费者建立情感连接，提升品牌忠诚度，从而实现可持续发展。

（3）市场营销问题研究。市场营销问题研究在茶叶企业中具有至关重要的地位。它不仅关乎企业的生存，更决定了企业在市场竞争中的地位和影响力。而探讨市场营销要素和市场营销组织的协调性，是这一研究中的核心议题。市场营销要素，简称4P，即产品（Product）、价格（Price）、渠道（Place）和促销（Promotion）。这四大要素是茶叶企业进行市场营销活动的基础，也是制定营销策略的关键。

1.1.1.2 茶叶市场营销学的研究对象及范围

茶叶市场营销学研究的对象是以满足茶叶消费者需求为中心的企业营销活动及其规律，即研究在特定的市场环境中，茶叶企业如何组织实施全部营销活动满足顾客对茶叶的需要，实现茶叶企业的营销目标。

依据茶叶市场营销学的研究对象，茶叶市场营销学的研究范围除了以茶叶流通领域的活动为主体外，还上延至茶叶生产领域的产前活动，如茶叶市场调查、茶叶市场分析、茶叶需求预测、确定目标市场、市场定位等；下延至茶叶消费领域的售后活动，如售后服务、质量跟踪、意见收集、客户拜访等，只有这样才能正确地识别、预测顾客对茶叶的需求，避免茶叶营销工作的盲目性，更好地令顾客满意，最终实现企业的盈利目的。从市场调查开始，分析预测顾客对茶叶的需求，并围绕顾客对茶叶的需求制定企业战略，细分市场，确定目标市场，进行市场定位，研制适销对路的茶叶产品，制定价格、分销渠道、促销及其组合策略等并予以实施，最终实现企业盈利，这些就是茶叶市场营销的核心内容。

茶叶产业包括众多的各类型茶叶企业和业内其他组织，它们构成了整个茶叶行业系统。茶叶市场营销的理论和方法可运用于研究整个茶叶行业，探讨从发展社会经济、满足社会需求、促进茶叶产业发展等角度来开展茶叶市场营销活动。但一般而言，茶叶市场营销更多的是研究茶叶企业所进行的识别、预测并满足顾客对茶叶的需求以求得盈利的茶叶市场营销活动。

1.1.1.3 茶叶市场营销学的研究方法

茶叶市场营销学的研究方法以市场营销学的研究方法为基础。20 世纪 50 年代，市场营销学的研究方法主要包括流通领域中的商品研究法、机构研究法和功能研究法等。20 世纪 50 年代之后，尤其是 70 年代，市场营销学开始与心理学、行为科学、社会学、管理学等学科结合形成综合性学科，研究方法也开始发生变化，主要有管理研究法、系统研究法和社会研究法等。下面简单介绍主要研究方法的内容及特征。

（1）商品研究法是一种以商品为主体，全面研究商品在设计、品牌、包装、价格、商标、分销、促销等方面的策略和方法的综合性研究方法。这种方法强调对商品本身的深入了解，以及在商品开发、推广和销售过程中的全方位思考。

产品的设计是商品研究法的核心内容之一。在茶叶市场中，产品设计不仅涉及茶叶本身的品质和口感，还包括茶叶包装、茶具配套等方面的设计。通过深入研究消费者的需求和审美，结合企业文化和品牌特色，设计出独具特色的产品，是商品研究法的重要应用。

品牌和商标是商品研究法的重点。品牌是消费者识别和信任企业的重要标识，而商标是保护品牌权益的法律手段。茶叶企业需要注重品牌建设和商标注册，通过打造独特的品牌形象和商标标识，提高品牌知名度和美誉度，增强消费者忠诚度。

包装和价格是商品研究法的关键要素。包装不仅是商品的外观形象，更是商品品质和品牌价值的体现。茶叶企业需要根据产品特点和市场需求，设计出符合消费者审美和需求的包装。价格是影响消费者购买决策的重要因素。茶叶企业需制定合理的价格策略，在确保产品盈利的同时，也要考虑消费者的购买能力和心理预期。

分销和促销是商品研究法的重要环节。分销渠道的选择直接影响产品的流通和销售效果，茶叶企业需要选择合适的分销渠道，建立完善的销售网络。同时，促销活动也是刺激消费者购买的重要手段，茶叶企业可以通过各种促销手段提高销售量。

虽然商品研究法内容详细，能够全面考虑商品开发、推广和销售过程中的各个环节，但这种方法也存在资源耗费较大、重复性高的缺点。茶叶企业在运用商品研究法时，需要充分考虑自身的资源和能力，根据实际情况进行选择和应用。

（2）机构研究法。机构研究法是一种以市场营销制度为研究出发点的分析方法，它强调以人为中心，关注市场结构、市场体制、流通渠道等方面，同时也会涉及与商品市场关系密切的辅助机构，如金融、运输等机构的运作规律和职能。

市场结构是机构研究法的核心内容之一。茶叶市场的结构由各种不同的参与者组成，包括生产者、经销商、零售商等。了解这些参与者的数量、规模和行为特点，有助于企业更好地制定营销策略和调整市场定位。此外，市场结构的变化也是企业需要密切关注的内容，随着市场的变化和竞争的加剧，茶叶企业需要灵活应对，调整自身的市场策略。

市场体制是机构研究法的另一个重要方面。市场体制是指市场的运行规则和管理制度，对企业的市场营销活动有着重要的影响。了解市场体制的特点和规律，可以帮助茶叶企业更好地适应市场环境，遵守市场规则，避免违规行为。同时，茶叶企业也需要关注市场体制的变化和改革，以便及时调整自身的经营策略和方向。

流通渠道是机构研究法的另一个关键要素。流通渠道是指商品从生产者到消费者的流通路径。对于茶叶企业来说，选择合适的流通渠道是至关重要的。茶叶企业需要根据产品特点和市场需求，选择合适的销售渠道，如线上销售、实体店销售、批发等。同时，企业也需要了解流通渠道的特点和规律，以便更好地管理销售渠道，提高销售效率。

除市场结构、市场体制和流通渠道外，机构研究法还会涉及与商品市场关系密切的辅助机构的研究，例如，金融、运输等机构在茶叶市场中发挥着重要的作用。了解这些机构的运作规律和职能，可以帮助茶叶企业更好地协调与这些机构的关系，提高企业的运营效率和竞争力。

通过对市场结构、市场体制及流通渠道进行研究分析，茶叶企业可以更好地了解市场的运作规律和变化趋势，从而更好地管理市场营销的各项职能，有助于企业制定更加科学合理的营销策略，提高营销效果和市场竞争力。同时，机构研究法也有助于企业更好地与相关机构开展合作，共同推动茶叶产业的健康发展。

（3）功能研究法。功能研究法是一种深入探究市场营销组织在商品流通过程中所发挥作用的科学研究的研究方法。它主要关注商品从生产者到消费者的整个过程中，市场营销组织如何通过各种功能来实现有效的营销活动。

首先，交换功能是市场营销组织的基本功能之一。在茶叶市场中，交换功能主要体现在购买和销售两个方面。茶叶企业需要与供应商建立良好的合作关系，确保原材料的稳定供应。同时，也需要通过销售渠道将产品传递给消费者，实现商品的价值转换。在这个过程中，市场营销组织需要发挥关键的作用，协调各个环节，确保交换过程的顺利进行。

其次，供给功能是市场营销组织的重要职能之一。供给功能主要体现在存储和运输两个方面。茶叶作为一种特殊的商品，对存储和运输的要求较高。市场营销组织需要建立完善的物流体系，确保茶叶在存储和运输过程中的品质和安全。同时，也需要根据市场需求和销售情况，合理安排库存和运输计划，确保产品的及时供应。

最后，便利功能是市场营销组织的另一个重要职能。便利功能主要体现在风险分散和市场信息两个方面。市场营销组织可以通过多样化的营销策略和渠道，分散市场风险，降低经营风险。同时，也需要收集和分析市场信息，了解消费者的需求和竞争状况，为企业制定科学合理的营销策略提供依据。在这个过程中，市场营销组织需要发挥信息传递和决策支持的作用，为企业的发展提供有力的支持。

（4）管理研究法。管理研究法是从管理学的角度出发，深入探讨市场营销的内在规律和策略方法。它强调企业在生产经营过程中，为满足目标市场需求，不仅要密切关注外部环境的变化，还需要深入研究自身的资源条件，从而选择最佳的市场营销组合。

首先，管理研究法强调企业需要明确自身的目标市场需求。在茶叶市场中，消费者需求是多样化的，企业需要对市场进行细分，明确自身的目标客户群体，了解他们的需求和偏好。通过深入了解目标市场需求，企业可以更好地制定营销策略和进行产品定位，满足消费者需求，提高市场占有率。

其次，管理研究法强调企业需要充分考虑自身的资源条件。茶叶企业需要了解自身的优势和劣势，合理配置资源，发挥自身的核心竞争力。例如，一些企业可能在茶叶种植和生产方面具有优势，而另一些企业可能在品牌营销和渠道建设方面更擅长。通过合理配置资源，企业可以更好地满足目标市场需求，提高经营效率和市场竞争力。

最后，管理研究法强调企业需要选择最佳的市场营销组合。市场营销组合是指企业为了满足市场需求而制定的营销策略组合，包括产品、价格、渠道和促销等方面。企业需要根据自身的资源和目标市场需求，选择合适的市场营销组合。例如，对于高端茶叶市场，企业可能需要采取高价定位和只走高端渠道的销售策略；而对于大众茶叶市场，企业可能需要采取低价定位和广泛分销的销售策略。

（5）系统研究法。系统研究法是一种将企业视为一个整体系统来研究的分析方法。该方法强调企业作为一个系统的特性，包括企业内部系统和外部系统两个方面。这意味着在研究市场营销时，不仅要考虑企业内各部门如何协调配合进行营销活动，还要考虑企业与外部各个组织系统的协调和互动。

企业内部系统是系统研究法的核心之一。企业内部系统是指企业内部的各部门和业务流程的协调配合。在茶叶企业中，市场营销活动需要与其他部门如生产、采购、物流、财务等相互配合，形成高效的协同工作机制。系统研究法强调企业内部各部门之间的信息共享、资源整合和流程优化，以提高整体运营效率和适应市场变化的能力。

企业外部系统是系统研究法的重要方面。企业外部系统是指与企业相关的外部组织、市场和环境等。在茶叶市场中，企业需要与供应商、经销商、消费者、竞争者，以及相关行业和政府部门等建立良好的合作关系。系统研究法要求企业全面考虑内外部环境的互动关系，通过有效的协调和沟通，实现企业与外部系统的协同发展。

系统研究法还强调企业营销活动与内外部各个组织系统的协调。这意味着茶叶企业需要关注整个价值链的协调和优化，包括从原材料采购到产品生产、从销售渠道到消费者服务等各个环节。通过与供应商、经销商和消费者等建立紧密的合作关系，可以提高整个价值链的效率和竞争力，实现共同发展。

（6）社会研究法。社会研究法是一种将市场营销活动置于更广泛的社会背景中进行分析的研究方法。它结合了社会学和生态学的理论框架，着重关注企业市场营销活动对社会利益的影响。社会研究法不仅关注市场营销活动的经济效益，还强调其社会责任和环境责任。

市场营销活动对社会经济发展具有重要影响。通过有效的市场营销策略，企业可以促进商品流通，扩大市场需求，带动相关产业的发展，从而推动整个社会经济的增长。在茶叶市场中，市场营销活动可以刺激消费者购买，提高茶叶销量，带动茶叶产业链的发展，为茶农和相关企业创造经济效益。

然而，市场营销活动也可能带来一些负面影响。例如，过度的市场营销可能导致资源浪费和环境污染。一些企业可能为了追求短期利益而忽视对环境的保护，导致出现资源消耗过度和环境污染等问题。在茶叶市场中，过度包装和一次性用品的使用会造成资源浪费，同时茶叶生产和加工过程中的废弃物处理不当也会对环境造成污染。

此外，市场营销活动还可能对消费者和社会价值观产生影响。一些企业可能采用不正当的营销手段，如虚假宣传、夸大其词等，误导消费者，损害消费者利益。同时，市场营销活动也可能对社会的文化价值观产生影响，如过度追求物质消费和品牌效应等。

因此，社会研究法强调企业在市场营销活动中应承担起社会责任和环境责任。企业需要关注其营销活动的可持续性，尽可能减少对环境造成的负面影响。同时，企业也应该秉持诚信原则，采取正当的营销手段，维护消费者利益和社会公共利益。

1.1.1.4 茶叶经济体制的演变与茶叶市场营销学

市场营销学是商品经济高度发达的产物，是为适应市场经济条件下企业营销管理的需要而产生并发展的。茶叶市场营销学作为市场营销学在茶叶行业的深入发展，同样也是我国商品经济发展的产物。

党的十一届三中全会之前，我国实行计划经济，茶叶是二类物资，实行统购统销，这时的茶叶企业仅仅是政府的附属，不依赖市场，更不用说要研究生产什么茶叶、生产多少茶叶、定什么价、销往什么地区等问题。这一切完全不需要茶叶公司或茶厂（场）去研究或考虑。茶厂（场）只管生产茶叶，茶叶公司只管收购和销售茶叶，茶叶产销不见面，生产或销售多少茶叶，由政府部门计划决定，这时的茶叶是“皇帝的女儿不愁嫁”。因此，与市场营销有关的一系列理论和实际问题就完全没有研究的必要了。党的十一届三中全会之后，尤其是1984年，茶叶商品由二类物资改为三类物资，取消统购统销政策。随着经济体制改革的进展，真正意义上的茶叶市场形成了，茶叶市场最重要的活动主体——茶叶公司和茶厂（场）成为真正意义上的企业。随着我国加入世贸组织（WTO），市场经济进程进一步加快，一方面，茶叶市场的供求关系已经趋向供大于求，茶叶市场的决定权逐渐移位于茶叶消费者；另一方面，茶叶领域的竞争日益加剧，茶叶产业以及茶叶企业面临的竞争不仅有行业内的竞争，还面临其他相关行业，如饮料行业先进企业及跨国公司的竞争。因此，茶叶产业以及茶叶企业只有全面、系统地学习和把握现代茶叶市场营销学的理论和方法，才能在激烈的市场竞争中生存发展。在这样的背景下，1992年，陈椽主编的全国高等农业院校教材《茶叶市场学》完稿，1994年由农业出版社出版。这部茶叶市场学教材是国内外第一部专门研究茶叶市场营销的教材。该书的出版标志着茶叶市场营销理论体系的初步形成。

加入世贸组织之后，在全球经济一体化的推动下，我国市场经济进程加快，饮品行业的竞争加剧，使茶叶企业的市场营销活动不断出现新问题，面临新挑战，这就需要重新审视和研究茶叶市场营销学。总之，市场经济的发展催化了市场营销理论与我国茶叶企业营销活动以及茶叶行业管理的结合；茶叶产业发展的需要，引发了茶叶市场营销理论体系和实践的完善与创新。不断完善的茶叶市场营销学必将为茶叶产业以及茶叶企业的营销活动提供理论指导及实践经验，引导茶叶产业以及茶叶企业有成效地进行营销和管理，促进茶叶经济及茶叶企业的不断发展。

1.1.1.5 茶叶企业与茶叶市场营销学

在市场经济条件下，市场是同市场活动的主体紧密联系在一起的，企业是最重要的市场活动主体，企业最显著、最独特的职能就是市场营销。管理大师彼得·德鲁克（Peter F. Drucker）指出，任何组织若没有营销或营销只是其业务的一部分，则不能称之为企业。“企业的职能只有两个，这就是市场营销和创新。”就是说茶叶企业存在的价值在于它通过市场营销来满足茶叶消费者的需求最终获得利润。

作为现代茶叶企业，在全球经济一体化的进程中，要想赢得竞争、赢得顾客、生存与发展，仅凭经验或胆大，盲目拼打是不可能的。茶叶市场营销有其固有的规律，茶叶企业只有遵从市场营销的规律，才能生存与发展。茶叶市场营销学是专门研究茶叶市场营销及其规律的科学，它既研究市场营销学共性的理论和实践问题，同时又探讨茶叶这一独特行业市场营销的个性理论和实践问题，研究的问题几乎涵盖一般市场营销学研究和应用的各个领域（分支）。它既研究有形产品，即茶叶及有关茶制品的市场营销规律，又研究无形产品，即茶馆等服务行业的市场营销规律；既研究茶叶消费者市场营销规律，又研究茶叶生产者市场营销规律；既研究茶叶国内市场营销规律，又研究茶叶国际市场营销规律；同时探讨茶叶市场营销的新理念、新趋势。

1.1.1.6 研究茶叶市场营销学的意义

（1）有利于促进茶叶产业及茶叶区域经济的增长。第二次世界大战之后，许多国家和地区如日本、美国经济发展的经验表明，市场营销的创新和贯彻是经济发展的一个重要原因。茶叶产业或茶叶区域经济作为国家经济的一个组成部分，基于茶叶产业的特点，茶叶市场营销学在茶叶产业以及茶叶区域经济的发展中必然发挥着不可替代的作用。

我国茶业，一方面具有很强的区域性。由于地理的、自然的、经济的、文化的资源和条件的不同，各个省、市甚至县茶叶市场基础及运行的规律都是不同的，并且从总体上来看，无论是茶叶商业企业还是加工和种植企业，规模都很小，个体发展的能力有限且局限性很明显。另一方面茶叶产业具有分割性和相互依存性。一种茶叶商品的形成，往往要经过种植环节、初制环节、精制加工环节，最后才能进入内外贸环节，而每一环节都是一类相对独立的公司或企业，一个完整的产业链被分开割离。但是，这一被分割成不同环节的公司或企业又是相互依存的，产业链中任一环节出现问题，都会影响和波及整个茶叶产业。因此，这就需要各级政府或相关组织，如茶叶协会、茶叶学会，认真研究并运用中观层面上的市场营销理论，因时因地地制定茶叶产业或茶叶区域的营销战略和政策，科学合理地引导茶叶产业或茶叶区域的市场营销活动，如按照市场经济运行规律、世贸组织规则、市场营销规律，运用市场营销学原理开展营销活动。建立健全茶叶市场体系，引导茶叶产品结构的调整，解决茶叶供求矛盾，促进新科技成果转化为生产力，充分利用和发挥政府在信息传播和沟通方面的特殊作用来宣传促销茶叶，开拓国际国内茶叶市场，吸引外资解决产区和茶叶作业资金等问题，以促进茶叶产业和茶叶区域经济的发展。市场营销思想将帮助中国在全球经济和社会的新领域中前进，帮助中国经济在农业、工业和零售业上的现代化发展。

（2）有利于茶叶企业的持续发展。茶叶市场营销学的实践主体应是茶叶企业。茶叶市场营销学现阶段对于我国茶叶企业的贡献主要表现在解决茶叶企业成长与发展中的基本问题上。

茶叶市场营销学以“顾客满意”为宗旨，引导茶叶企业树立正确的营销观念，面向市场生产或流通，从根本上解决茶叶企业生存和发展所面临的基础性问题。

①茶叶市场营销学为茶叶企业成长提供了战略管理原则，将茶叶企业成长视为与变化的环境保持长期适应关系的过程，可避免营销短视风险。

②茶叶市场营销学为茶叶企业成长提供了理论体系，如市场营销哲学（观念）的演进与变革理论、市场调研理论、市场环境分析理论、消费者购买行为理论、市场细分化理论、市场营销组合理论、市场营销组织与控制理论等，以指导茶叶企业进行正确的营销决策。

③茶叶市场营销学为茶叶企业成长提供了竞争战略与策略，指引茶叶企业创造竞争优势，勇于面对竞争。

④茶叶市场营销学为茶叶企业成长提供了系统的策略，以及市场营销计划、组织、实施与控制的方法等。

市场营销学是商品经济发展的产物，它能够适应商品经济以及市场经济发展的客观需要，并在市场实践中不断完善和发展。从美国对市场营销学研究的历史过程来看，大体可分为四个阶段：初创阶段、形成阶段、完善阶段、发展变革阶段。

伴随市场经济的发展和企业营销管理的需要而产生的市场营销学，是20世纪发展最快的管理学科之一。这门建立于经济学、哲学、数学、管理学、行为学、心理学和社会学之上的学科，不仅是当代企业，包括产业、一些非营利性组织在迅速变化的市场环境和日趋激烈的竞争中求生存、求发展的管理利器，而且“还激发了医生、管理人员、政府官员及经济发展专家的丰富想象力”，甚至已逐渐成为“现今世界上的一种核心思维方式”，因而在社会经济生活的各个方面得到广泛应用，正推动企业以及社会经济各方面组织的发展和创新，乃至整个社会经济的发展。

1.1.2 茶叶市场营销学的学科性质

市场营销学是伴随市场经济的发展和企业营销管理需要从西方经济学中分化出来的一门科学，而茶叶市场营销学是市场营销学在茶叶行业经济活动中的深入研究，这就决定了茶叶市场营销学的特点有以下几点。

（1）理论基础的综合性。为了适应市场经济发展和茶叶企业营销管理的需要，逐渐深入的规范研究促成了市场营销学对相关学科的学习和吸收，在其发展完善过程中兼容并蓄了经济学、行为学、管理学、数学、社会学、心理学等学科的基础理论、研究方法和成果，使之成为一门综合性、边缘性的应用管理学科。鉴于茶叶市场营销学是市场营销学在茶叶行业经济活动中的深入研究，市场营销学必然是茶叶市场营销学的理论基础。

（2）理论系统的发展能动性。市场营销学自20世纪初产生以来，是近一个世纪中发展最快的管理学科之一。过去的百年，是市场营销学孕育、成长、不断发展的百年，是市场营销管理思想与实践不断革命与创新丰富的百年。自市场营销学体系和框架建立以来，尤其是20世纪50年代以来，每隔几年就会产生一批创新的营销理论和概念。由此可以看出，市场营销学是管理学中最富能动作用的一个领域。基于茶叶市场营销学是建立在市场营销学基础上的，随着经济全球化的推进，经济和科技的快速发展，茶叶市场上经常会面临新的挑战，茶叶企业或组织必须做出反应。因此，新的茶叶市场营销观念和方法将不断产生以应对市场新挑战。因而，茶叶市场营销学的理论体系、理论本身、方式方法都将不断地面临着挑战，而需要不断地进行重新审视和研究。

（3）理论价值的实践性。茶叶市场营销学是应我国商品经济发展及茶叶企业营销管理需要而产生的，反过来，它又能指导茶叶营销实践。一方面，茶叶市场营销学的基本原理、策略和方法来源于茶叶企业营销实践的总结和提炼；另一方面，茶叶市场营销学的基本原理、策略和方法又对茶叶企业的营销和管理具有指导意义和实际的可操作价值。正因为如此，茶叶市场营销学才有其存在的价值。研究茶叶企业的市场营销活动及其规律，为茶叶企业的营销管理服务，这是茶叶市场营销学的基本立足点，是茶叶市场营销学存在和发展的基础。

1.2　茶叶市场营销学的形成和发展

茶叶市场营销学，作为一门研究市场运营规律和营销策略的学科，一直以来都在茶叶领域中发挥着重要的作用。它不仅关注茶叶市场的供需关系、价格机制和分销渠道等基础理论，还深入研究消费者行为、市场竞争和品牌建设等方面的知识。茶叶市场营销学的形成和发展，不仅推动了茶叶产业的繁荣，还为茶叶企业提供了宝贵的营销策略和工具，帮助它们在激烈的市场竞争中获得优势。

茶叶市场营销学的形成和发展可以分为以下三个时期。

1.2.1　形成时期

茶叶市场营销学的形成可以追溯到 20 世纪初，当时全球贸易逐渐兴起，茶叶作为重要的商品之一，开始在市场上占据一席之地。随着茶叶贸易的繁荣，人们逐渐意识到市场营销的重要性，开始关注如何有效地销售和推广茶叶。

这个时期的茶叶市场营销学主要研究茶叶的供需关系、价格机制和分销渠道等基础理论。自此学者们开始深入研究茶叶市场的运行规律，分析茶叶市场的供需状况，探索价格的形成机制以及茶叶的分销渠道。这些研究为茶叶市场营销学理论体系的形成奠定了基础，为后续的发展提供了重要的支撑。

同时，企业也开始意识到市场营销的重要性，开始关注消费者的需求和行为。他们开始研究消费者的购买决策过程，了解消费者的需求和偏好，探索如何更好地满足消费者需求。通过这些研究，企业逐渐形成了针对茶叶市场的营销策略和手段，开始注重品牌建设、产品定位和市场拓展等方面的工作。

在这个时期，茶叶市场营销学初步形成了自己的理论体系。学者和企业通过深入研究和探索，不断丰富和完善了茶叶市场营销学的理论框架。他们开始关注市场细分、目标市场选择、定位和差异化竞争等理论，开始运用这些理论指导茶叶市场营销实践。

1.2.2 发展时期

进入 20 世纪中叶，全球经济迎来了快速增长，消费者需求也日趋多样化。在这样的背景下，茶叶市场营销学得到了进一步的深化与发展。市场营销组合理论、市场细分理论等新兴理论开始广泛应用于茶叶市场的研究，为企业提供了更加多元化、更具针对性的营销策略。

市场营销组合理论，也被称为 4P 理论，包括产品（Product）、价格（Price）、渠道（Place）和促销（Promotion）。这一理论为茶叶企业提供了全面的营销框架，使企业能够根据市场需求和竞争态势，灵活调整自己的产品定位、价格策略、销售渠道和促销手段。

市场细分理论则帮助企业更准确地识别和定位目标消费者群体。通过市场细分，企业可以深入了解不同消费者的需求和偏好，从而制定更具针对性的产品策略和营销策略。这有助于企业更好地满足消费者日益增长的需求，提高市场占有率和竞争优势。

在这个时期，茶叶企业开始注重品牌建设，努力打造独特的品牌形象和品牌价值。品牌不仅代表了产品的品质和特色，更是一种与消费者建立情感连接的方式。茶叶企业通过品牌建设，提升了自己的知名度和美誉度，赢得了消费者的信任和支持。

同时，随着消费者需求的多样化，茶叶企业开始注重产品创新，他们不断研发新的茶叶品种，更新包装设计，以满足不同消费者的需求。此外，他们还探索茶叶的多元化应用，将茶叶与其他食品、保健品等进行结合，进而开拓更广阔的市场空间。

消费者关系管理也成为这个时期的热门实践。茶叶企业开始意识到与消费者建立长期、稳定的关系至关重要。他们通过建立消费者数据库、开展会员营销等方式，深入了解消费者的购买行为和需求变化，提供个性化的服务和关怀。这不仅提高了消费者的满意度和忠诚度，还为企业带来了更多的口碑传播机会。

国际茶叶市场的竞争也日益激烈。各国茶叶企业纷纷加大出口力度，争夺国际市场份额。这推动了茶叶市场营销学的进一步发展，促使企业不断优化营销策略，提高自身的竞争力。在国际市场上，茶叶企业需要面对不同国家和地区的文化差异、消费习惯和贸易政策，这要求他们具备更加敏锐的市场洞察力和敏捷的应变能力。

1.2.3 变革时期

进入21世纪，科技的发展和全球化的加速为茶叶市场营销学带来了前所未有的变革。数字化营销、社交媒体营销等新兴营销方式逐渐成为主流，为茶叶企业提供了更广阔的市场空间和更高效的营销手段。

数字化营销的兴起彻底改变了传统营销模式。茶叶企业通过互联网、移动设备和社交媒体等渠道，可以更直接地与消费者进行互动和沟通。他们可以利用大数据和人工智能技术，对消费者行为进行分析和预测，实现精准营销和个性化推荐。这不仅提高了营销效果，还降低了营销成本，为茶叶企业带来了更多的商业机会。

社交媒体营销为企业提供了一个与消费者建立情感连接的重要平台。通过微博、微信、抖音等社交媒体平台，茶叶企业可以通过发布产品信息、分享茶文化知识、举办线上活动等方式，与消费者进行互动和交流。这种互动式的营销方式有助于增强消费者对品牌的认同感和忠诚度，提高品牌知名度和美誉度。

同时，消费者行为和心理上的变化也促使茶叶企业更加注重消费者体验和情感连接。随着生活水平的提高，消费者对茶叶产品的需求已经不仅仅满足于品质和口感，更追求一种精神层面的满足。茶叶企业通过提供独特的消费体验，如茶艺表演、茶文化讲座、茶园参观等，可以让消费者更好地了解和感受茶叶的魅力，从而与消费者建立起深厚的情感纽带。

此外，环境和社会责任也逐渐成为茶叶市场营销的重要议题。随着人们对环保和可持续发展的关注度不断提高，茶叶企业需要积极履行社会责任，推动茶叶产业的可持续发展。他们需要关注茶叶种植、加工和销售过程中的环境保护问题，采取绿色生产方式，确保茶叶的品质和安全。同时，他们还需要关注员工福利、社区发展等社会问题，积极回馈社会，提升企业的社会形象和公信力。

【本章小结】

在本章，我们对茶叶市场营销学进行了深入而全面的概述。

首先，深入探讨了茶叶市场营销学的定义，明确了它作为一门专门研究茶叶市场运作规律和营销策略的学科的独特地位。我们详细分析了茶叶市场的特点、运作机制，以及影响其发展的各种因素，旨在为后续的学习和研究提供清晰的理论基础。

其次，深入探讨了茶叶市场营销学的学科性质。茶叶市场营销学不仅是一门独立的学科，它还涉及市场营销学、经济学、心理学等多个学科领域。这些学科与茶叶市场营销学相互交织、相互影响，共同构成了茶叶市场营销学的理论体系。通过综合运用这些学科的理论和方法，我们可以更好地理解和应对茶叶市场的各种挑战，制定出更加有效的营销策略。

在回顾茶叶市场营销学的形成和发展历程时，我们深入研究了其演进的各个阶段。从最初的形成时期，茶叶市场营销学在不断探索和实践过程中逐渐成形；到后来的发展时期，茶叶市场营销学开始形成较为完善的理论体系，并在实践中得到广泛应用；直至最近的变革时期，茶叶市场营销学不断吸收新的理论和方法，与时代发展同步，逐渐发展成为一门具有独特魅力和广泛应用的独立学科。

通过绪论部分的探讨，我们得以更好地理解茶叶市场营销学的概念、性质和发展脉络，为后续的学习和研究提供了重要的理论框架和指导。同时，绪论部分也激发了我们对茶叶市场营销学的兴趣和热情，促使我们更加深入地探索这一领域的奥秘。

第 2 章　茶叶市场营销管理

2.1　茶叶市场概述

中国茶叶市场是一个多元化、多层次的市场，其内销和出口市场呈现出不同的竞争态势和特点。

内销市场由于厂家众多，产品同质化严重，导致需求缺乏弹性，无法有效控制价格。由于进入和退出行业相对容易，品牌的市场占有率普遍较低，很难有单一品牌占据显著的市场份额。虽然信息透明度高，市场效率高，但盈利水平相对较低。相比之下，出口市场的情况则有所不同。尽管厂家数量较多，但产品具有一定的差异性，需求弹性相对较大。价格受到一定程度的控制，特别是收购价，这使得行业进出较为容易。由于这些特点，出口市场的盈利水平相对较高。特别是当国内茶叶企业开发名优茶时，市场出现了“名优茶热”，这一阶段茶叶企业的盈利能力得到显著提升。

从国家对茶叶市场的控制情况来看，中国茶叶市场的演变可以划分为以下四个阶段。

第一阶段是 1979 年的茶叶大战阶段。这一时期茶叶市场竞争激烈。随着改革开放的深入和农民收入的增加，消费需求上涨，外销市场表现良好，但同时也带来了茶叶市场的竞争加剧。

第二阶段是 1983 年至 1984 年。由于外贸受到控制和国内经济结构的调整，茶叶消费需求低迷，茶叶积压严重。为了应对这一困境，国家对内销市场进行了放开，降低了税费，这促使市场逐渐活跃起来。然而，随之而来的是“第二次茶叶大战”，市场竞争再次加剧。

第三阶段是 1989 年 7 月至 1993 年。国内经济紧缩，外贸不景气，茶叶价格大幅下跌，“卖茶难”问题凸显。面对这一困境，茶叶企业开始寻求创新和差异化，开发名优茶成为一种趋势，“名优茶热”应运而生。

第四阶段是 1996 年至今。茶叶市场开始进行结构性调整，逐步进入良性循环时期。这一阶段的特点是市场逐渐成熟，企业开始注重品牌建设、产品质量和营销策略的差异化。同时，消费者对茶叶品质和品牌的要求也逐渐提高，这促使企业不断进行创新。

中国茶叶市场经历了多个阶段的演变和发展。从最初的茶叶大战到现在的良性循环时期，市场竞争态势不断变化，企业需要不断调整和创新以适应市场的变化和需求。同时，随着消费者对茶叶品质和品牌的要求不断提高，茶叶企业需要不断提升自身的实力和品牌价值，以获得长远发展。

2.1.1 茶叶市场的含义

市场是商品经济的产物，随着社会分工的深化，以及商品生产、商品交换的产生和发展，就有与之相适应的市场。就茶叶商品来说，哪里有茶叶生产和茶叶商品交换，哪里就有茶叶市场。茶叶市场是联系生产和消费的纽带。

茶叶市场的概念，随着商品经济的不断发展，它的内容也在不断丰富和充实。从不同角度来认识和理解市场的概念，对企业的生产和经营均具有重要意义。

（1）狭义的茶叶市场即茶叶商品交换的场所，指的是买卖双方购买和出售茶叶商品，进行交易的地区或地点及其设施。作为茶叶商品交换的场所，企业必须了解自己的产品销往哪里、市场的主导产品和销售情况等。

（2）广义的茶叶市场是指茶叶商品交换关系的总和。这个概念是从商品交换过程中人与人之间经济关系的角度定义的，主要指买卖双方之间、买方之间、卖方之间、买卖双方各自与中间商，以及中间商之间，在茶叶商品流通领域中进行交换时发生的关系，它还包括茶叶流通过程中促进或发挥辅助作用的一切机构部门（如银行、运输、出入境检验检疫、保险、海关等）与茶叶商品买卖之间的关系。认识这个概念，有助于企业更好地把握买卖双方交易，不致局限于某个特定的区域，交换的对象也不单纯是茶叶商品，可能还有劳务、技术等。市场除产品交易外，还扩展到管理和公关等许多方面。

（3）营销学角度的茶叶市场是指对某茶叶产品或服务的所有现实和潜在的购买者。这里所指的市场除有购买力和购买欲的现实购买者外，还包括暂时没有购买力或购买欲的潜在购买者。这些潜在购买者，一旦受广告、宣传等影响，或因收入提高，有了购买力，则由无购买欲转变为有购买欲时，其潜在需求就会转变为现实需求，即变为现实市场。因此，从这个角度来理解茶叶市场，有利于茶叶企业明确本企业茶叶产品的现实和潜在市场及其需求量，对制定正确的茶叶产品生产和营销决策具有重要意义。

茶叶市场是对茶叶商品或服务具有需求、支付能力和希望进行某种交易的人或组织。即指具有购买欲、购买力和通过交易使茶叶商品发生转移的人或组织，而不是场所。这里所指的人，不是单个的人，而是消费者群及组织购买者。

2.1.2　茶叶市场的构成要素

茶叶市场的构成要素是构成茶叶市场的基本框架和关键因素，它们不仅共同决定了茶叶市场的性质、特点和运行机制，还影响了市场的竞争格局和未来发展趋势。这些要素在茶叶市场的运行中相互作用、相互影响，共同构成了一个复杂而又精密的市场体系。了解和把握这些构成要素，对于深入理解茶叶市场的运作规律、制定有效的市场策略，以及推动茶叶产业的持续发展都具有重要意义。以下是茶叶市场的主要构成要素。

2.1.2.1　生产者

生产者是茶叶市场的核心组成部分，他们负责茶叶的种植、采摘、加工和生产，是茶叶的直接供应源头。生产者包括茶叶种植者、茶叶加工企业，以及合作社等各种形式。他们在茶叶产业链中扮演着至关重要的角色，因为他们的生产活动直接决定了市场上茶叶产品的供应状况和品质。

茶叶种植者是茶叶生产的起点，他们负责在茶园中种植和管理茶树。种植者的技术水平、茶园的地理环境和气候条件等因素都会影响茶叶的品质和产量。茶叶采摘是紧接着种植的下一个环节，采摘者需要按照一定的标准，选择合适的时机进行采摘，以确保茶叶原料的质量。加工企业则负责对采摘回来的茶叶进行加工处理，如杀青、揉捻、发酵、干燥等工序。加工工艺的优劣对茶叶的品质具有关键的影响，不同的茶叶品种需要不同的加工方法。此外，合作社作为一种组织形式，通常由多个茶叶种植者和加工企业组成，他们通过合作来提高生产效率、降低成本，共同开拓市场。

由于生产者在茶叶产业链中的重要作用，他们的生产能力和产品质量对于整个市场的供应状况和茶叶的质量具有决定性的影响。如果生产者的生产能力不足或者产品质量不稳定，会导致市场上茶叶产品的供应短缺或者品质下降，从而影响消费者的购买意愿和市场的正常运行。因此，提高生产者的生产能力和产品质量，是促进茶叶市场健康发展的重要基础。

此外，生产者还面临一系列挑战，如气候变化、土地资源有限、技术更新等。为了应对这些挑战，生产者需要不断提高自身的技术和管理水平，同时也需要政府和社会各界的支持与合作，以推动整个茶叶产业的可持续发展。

2.1.2.2 消费者

消费者是茶叶市场的核心，他们构成了茶叶的需求方，具有多重身份。个人消费者是茶叶市场的主要力量，他们对茶叶的口感、品质和品牌有一定的要求。团体消费者包括餐饮业、酒店业等，他们对茶叶的需求量较大，注重茶叶的品质和价格，同时也会考虑品牌和服务。工业用户则将茶叶作为原料或添加剂，用于食品、药品等领域，对茶叶的品质和稳定性要求较高。

消费者的需求和偏好对茶叶市场的需求量和产品类型产生了深远的影响。随着生活水平的提高和健康意识的增强，消费者对茶叶品质、口感和功能的要求越来越高。为了满足消费者的需求，茶叶市场不断涌现出新的产品类型，如有机茶、功能茶、礼品茶等，同时还呈现出定制化、个性化的茶叶消费趋势。

消费者的购买能力和购买习惯也会影响市场的销售状况和价格水平。一般来说，消费者购买茶叶的频次和数量与他们的收入水平、生活习惯和消费观念有关。同时，消费者的购买渠道和支付方式也会影响市场的销售模式和价格策略。为了吸引更多的消费者，茶叶企业需要不断创新营销模式，提升品牌形象和服务质量，以增强消费者的忠诚度和购买意愿。

2.1.2.3 交易平台

交易平台是连接生产者和消费者的桥梁，为双方提供一个公平、透明的交易环境。传统的茶叶交易平台主要是实体店，这些店铺不仅是销售茶叶的场所，更是茶文化传播和交流的平台。消费者可以在这里品尝不同种类的茶叶，与卖家进行面对面的交流，获取茶叶的产地、制作工艺等信息。随着电子商务的迅猛发展，电商平台逐渐成为茶叶交易的重要方式。电商平台为消费者提供了更为便捷、多样的选择，消费者可以在家中或办公室通过电脑或手机随时随地购买茶叶。同时，电商平台的大数据和智能推荐技术能够帮助消费者找到适合自己的茶叶，提高交易的效率和满意度。除了电商平台，拍卖网站也成为茶叶交易的一种方式。这种交易方式主要针对高端茶叶或珍稀品种，为消费者提供了一个竞价购买的渠道。拍卖过程中，茶叶的价值能得到更好的体现，也为生产者提供了一个获取更高收益的机会。

2.1.2.4　物流配送

物流配送是茶叶市场运行的关键环节，它承担着将茶叶从生产地安全、快速地运送到终端消费者的重任。在这个过程中，物流配送不仅关乎产品的质量和安全，还直接影响产品的销售价格和销售范围。

茶叶作为一种特殊的农产品，其新鲜度、口感和品质在运输过程中需要得到特殊的保护。物流配送企业需要具备专业的冷链运输设备和保鲜技术，以确保茶叶在运输过程中不被损坏。此外，为了满足消费者对茶叶品质的期望，物流配送过程还需要严格控制温度、湿度和光照等环境因素，确保茶叶的新鲜度和口感。

物流配送的效率直接关系到产品的销售价格。如果物流配送不及时，产品的新鲜度会受到影响，导致茶叶品质下降，进而影响销售价格。因此，物流配送企业需要具备高效的物流网络和配送体系，确保茶叶能够快速、准确地送达终端消费者。同时，物流配送企业还需要与上级产业销售企业或者生产企业建立紧密的合作关系，实现信息的实时共享，以便更好地协调生产和配送，降低运营成本。

物流配送的成本也直接影响到产品的销售价格。茶叶作为一种价格相对较高的农产品，其销售价格与物流成本密切相关。物流配送企业需要通过优化运输路线、提高装载率、降低损耗等方式来降低成本，从而使产品的销售价格更具竞争力。

此外，物流配送还影响茶叶的销售范围。随着电商平台的兴起和全球化趋势的加强，茶叶的销售范围越来越广泛。然而，这也给物流配送带来了挑战。为了满足消费者的需求，物流配送企业需要具备全球化的配送网络和国际物流服务能力，确保茶叶能够安全、快速地送达世界各地的消费者手中。

2.1.2.5 政策法规

政策法规是茶叶市场运行的重要外部环境，其对茶叶市场的供需关系、竞争格局和产业发展方向具有深远的影响。政府通过制定一系列的政策法规，对茶叶市场进行管理和调控，以确保市场的公平竞争和行业的可持续发展。

出口退税政策是茶叶市场的重要政策之一，主要是指政府对出口商品退还其在国内生产和流通环节缴纳的增值税和消费税，以降低出口商品的成本和价格，提高其国际竞争力。对于茶叶出口企业而言，出口退税政策的调整直接影响其产品的价格和利润。如果出口退税税率提高，将降低茶叶出口成本，增加出口企业的利润空间；反之，如果出口退税税率降低，将增加茶叶出口成本，降低出口企业的竞争力。

除出口退税政策外，质量标准也是茶叶市场的重要政策之一。质量标准是指政府制定的一系列规范和要求，以确保茶叶产品的质量和安全。茶叶作为一种农产品，其品质和安全性直接关系到消费者的健康。因此，政府需要制定严格的质量标准和检测体系，以确保茶叶产品的质量安全。同时，政府还需要加强对茶叶企业的监管，以维护市场的公平竞争和消费者的利益。

此外，政府的政策法规还会影响茶叶产业的发展方向和竞争格局。政府可以通过制定产业政策和投资政策，引导茶叶企业进行技术创新和转型升级，推动茶叶产业的升级和发展。同时，政府还可以通过制定反倾销、反补贴等贸易政策，保护国内茶叶企业的利益，维护市场的公平竞争。

2.1.2.6 信息交流

信息交流在茶叶市场中发挥着至关重要的作用，它连接着生产者、消费者、中间商和相关机构，是决策制定和行动协调的关键环节。在当今信息爆炸的时代，茶叶市场的信息交流变得更加复杂和重要。

市场动态是茶叶信息交流的重要组成部分。生产者、中间商和消费者需要及时了解市场趋势、竞争对手动态，以及政策法规变化等信息，以便做出正确的决策。例如，如果生产者了解到市场需求增加，他们可能会增加茶叶的产量或调整产品类型以满足市场需求。同时，消费者通过了解市场动态，可以更好地选择适合自己的茶叶产品和服务。

价格信息是茶叶市场的敏感点，也是信息交流的重要内容。生产者、中间商和消费者都需要了解茶叶的市场价格，以便做出合理的定价决策或调整购买计划。通过价格信息的交流，市场能够更好地发挥资源配置的作用，促使茶叶资源流向最需要的地方，提高市场的运行效率。

供求状况是茶叶市场的核心信息之一。生产者需要了解茶叶的供求状况，以便合理安排生产和库存管理。消费者需要了解供求状况来决定购买时机和数量。如果供大于求，可能会导致茶叶价格下降；如果供不应求，则可能导致价格上涨。因此，及时、准确的信息交流有助于平衡供求关系，稳定茶叶市场的价格水平。

除上述市场动态、价格信息和供求状况等基本信息外，信息交流还包括茶叶品质、行业新闻、技术创新等方面的内容。这些信息有助于提高生产者和消费者的知识水平和判断力，促进市场的健康发展。

信息交流的通畅与否直接影响到市场的运行效率和公平性。如果信息交流不畅或存在信息不对称的情况，可能会导致市场失灵和资源配置的不合理。例如，如果生产者不能及时了解市场需求和价格信息，他们可能会做出错误的决策，导致资源的浪费或市场的失衡。因此，建立健全的信息交流机制和平台至关重要。为了提高信息交流的效率和公平性，茶叶市场需要加强信息化建设和拓宽信息交流渠道。政府、行业协会和相关机构应发挥主导作用，建立统一、权威的信息发布平台，提供及时、准确的市场信息和数据支持。同时，鼓励企业之间建立合作关系，共享信息资源和经验，共同应对市场风险和挑战。

2.1.2.7　金融服务

金融服务在茶叶市场中的地位不可忽视，它是支撑整个茶叶产业链顺利运作的关键要素。从生产者的贷款需求，到消费者的支付和信用消费，再到贸易结算等环节，金融服务都发挥着重要的作用。

对于生产者而言，金融服务的主要需求是获取贷款资金。茶叶种植和加工需要大量的资金投入，包括土地租赁、种苗采购、肥料农药、设备更新等。

因此，生产者往往需要向金融机构申请贷款以支持其经营活动。金融机构通过提供贷款服务，可以帮助生产者扩大规模、提高生产效率，从而增加茶叶的供应量。

在茶叶销售环节，金融服务也起着重要的作用。消费者在购买茶叶时，可能需要使用支付工具进行支付。随着电子商务的兴起，第三方支付和移动支付等新型支付方式逐渐成为消费者的首选。这些支付方式不仅方便快捷，还能提供各种优惠活动和积分奖励，增加消费者的购买意愿。

金融服务为消费者提供了信用消费的选择。一些金融机构为消费者提供了信用卡服务，允许消费者先消费后还款。这种信用消费方式有助于刺激消费者的购买力，增加茶叶市场的销售额。

在贸易结算方面，金融服务也扮演着重要的角色。茶叶作为一种国际贸易商品，贸易双方需要进行跨境结算。金融机构通过提供跨境支付和结算服务，以确保贸易的顺利进行。这有助于降低贸易风险和成本，提高茶叶市场的交易效率。

除上述金融服务外，一些金融机构还为茶叶企业提供了投资和理财服务。这些服务可以帮助企业进行资本运作，提高资金使用效率，增强企业的盈利能力。

2.1.2.8 文化因素

文化因素在茶叶市场中扮演着不可或缺的角色。作为中华文化的重要组成部分，茶文化深深地渗透在人们的日常生活中，对茶叶市场的发展产生了深远的影响。

茶文化是中国传统文化的瑰宝之一，它不仅是一种生活方式，更是一种精神寄托。在茶文化的熏陶下，消费者对茶叶的品质、口感和包装都有着独特的要求和偏好。许多消费者在购买茶叶时，不仅关注茶叶的品种、产地和口感，还会考虑其文化内涵和寓意。例如，绿茶被视为清新、淡雅的代表，红茶象征着热烈、浓烈的情感，乌龙茶则有着独特的文化内涵和地域特色。

茶文化的传承和发展对茶叶的品牌建设和市场营销产生了深远的影响。许多茶叶品牌将茶文化融入其品牌理念和产品设计中，以此提升品牌价值和市场竞争力。这些品牌通过弘扬茶文化的传统价值观和精神内涵，与消费者建立情感联系，从而获得消费者的认可和信任。

此外，茶文化还促进了茶叶市场的多元化发展。随着消费者需求的不断变化和升级，茶叶市场上出现了越来越多的新品种、新口味和新包装。这些新产品不仅满足了消费者的口感需求，还通过融入茶文化的元素，增加了产品的文化附加值。在茶叶市场的国际化进程中，茶文化也发挥了重要的作用。作为中国文化的代表之一，茶文化在国际上享有极高的声誉。通过推广茶文化，得以拓展国际茶叶市场，增加出口贸易。同时，茶文化的交流也有助于促进国家间的文化交流与合作。

2.1.2.9　科技发展

科技发展在茶叶市场中起到了积极的推动作用，为茶叶的生产、加工、流通和交易带来了巨大的变革。

首先，在茶叶生产环节，科技的进步使得茶叶种植更加科学化、高效化。通过引入先进的农业技术，如智能灌溉、精准施肥等，茶叶的产量和质量得到了显著提升。同时，现代生物技术的应用也为茶叶品种改良和品质提升提供了新的途径。

其次，在茶叶加工环节，科技的发展也带来了许多创新。例如，新型加工设备能够更加高效地提取茶叶中的营养成分和香气，同时保持茶叶的原有品质。此外，一些先进的加工工艺，如冷萃技术、真空干燥技术等，也为茶叶产品多样化提供了可能。

再次，在茶叶流通环节，科技的进步也带来了许多便利。通过引入物联网技术和大数据分析，茶叶的仓储管理和物流管理更加智能化，有效降低了损耗和物流成本。同时，冷链物流技术的发展也确保了茶叶在运输过程中的新鲜度和品质。

最后，互联网和电子商务的发展为茶叶市场带来了新的交易方式。传统的茶叶交易方式受到地域和时间的限制，而互联网打破了这些限制，使得茶叶交易更加便捷、高效。消费者可以通过电子商务平台随时随地购买到来自世界各地的优质茶叶，而茶叶企业也可以通过互联网拓宽销售渠道，提高品牌知名度。

2.1.2.10　国际市场与贸易

在全球化的背景下，国际市场与贸易对于茶叶市场的影响越发显著。各个国家和地区之间的茶叶贸易往来不仅促进了茶叶产业的发展，也加强了文化交流与合作。

国际市场为茶叶产业提供了更为广阔的发展空间。不同国家和地区的消费者有着不同的茶叶消费习惯和文化背景，这为茶叶企业提供了多元化的市场机会。通过开拓国际茶叶市场，茶叶企业可以扩大销售渠道，提升品牌影响力，实现更大的商业价值。

然而，国际市场与贸易也面临着诸多挑战。各国之间的贸易政策、关税制度、质量标准等都会对茶叶市场的运行产生一定的影响。例如，一些国家为了保护本国产业，可能会设置较高的关税壁垒，限制进口茶叶的数量和价格；而有些国家可能制定严格的质量标准，要求进口茶叶必须符合其规定的安全和卫生条件。这些贸易政策和质量标准的变化都可能给茶叶企业带来额外的成本和风险。

为了应对这些挑战，茶叶企业需要加强对国际市场的调研和了解，包括了解各国的贸易政策及质量标准等。同时，企业还需要提高自身的产品质量和管理水平，确保产品符合国际市场的需求和标准。此外，加强与国外客户的沟通与合作，建立稳定的销售渠道也是茶叶企业开拓国际市场的关键。

国际市场的需求和竞争态势是决定茶叶市场发展的重要因素。随着全球消费者对健康饮食的关注度不断提高，对高品质、有机、绿色等概念的追求也在逐渐增强。这为茶叶企业提供了新的商机，同时也带来了竞争压力。为了满足国际市场的需求，茶叶企业需要不断创新和改进产品，提高产品的附加值和市场竞争力。

2.1.3 茶叶市场的主要类型

2.1.3.1 产品类型

茶叶市场按产品类型划分可分为绿茶市场、乌龙茶市场、红茶市场等，每种类型的茶叶都有其特定的消费群体和市场特点。

（1）绿茶属于未发酵茶，是我国主要的茶叶品类之一，其产量稳居六大茶类之首，其分布广泛，其中浙江、江苏、安徽、福建、江西、四川、贵州、湖南、湖北等是主产大省。其制作工艺主要包括杀青、整形、烘干等。名优绿茶对原料要求高，一般以一芽一叶或一芽两叶为主。我国绿茶的重点产区主要包括以下几处。

江南茶区：主要包括浙江、安徽、江西等地，这些地区的绿茶产量较高，是我国绿茶的主要生产基地。其中，浙江的西湖龙井、安徽的黄山毛峰等都是国内外知名的名优绿茶品种。

江北茶区：主要包括山东、陕西、河南等地，这些地区以耐寒、抗旱的小叶种茶树为主，也有一些品质较高的绿茶。

西南茶区：主要分布于四川、云南、贵州等地，这些地区的气候条件适宜茶树生长，所产绿茶口感清爽，香气浓郁。

华南茶区：位于我国南部，包括广东、广西、福建、海南等地，这些地区的茶树生长环境优越，所产绿茶口感醇厚，品质优良。

除以上几个产区外，我国其他地区也生产绿茶，各具特色。

（2）乌龙茶，亦称青茶，属于半发酵茶，是独具汉族特色的茶类。乌龙茶既有绿茶的清香，又有红茶的浓郁。乌龙茶创制于 1725 年（雍正三年）前后，是经过采摘、萎凋、摇青、炒青、揉捻、烘焙等工序后制出的品质优异的茶类。品尝后齿颊留香，回味甘鲜。

乌龙茶的产区主要分布在福建省、广东省和台湾省。其中，福建闽北的武夷山、建阳、建瓯等地是乌龙茶的主产区，出产的大红袍、铁罗汉、水金龟、白鸡冠等都是名品。闽南的安溪、感德、祥华等地则以生产清香型的乌龙茶为主，其品质特点为花香浓郁，滋味鲜醇。广东的潮汕地区也是乌龙茶的重要产地，这里的乌龙茶以单丛茶最为著名。台湾省的乌龙茶则产于台北、桃园、新竹、苗栗、宜兰、南投、云林、嘉义等地，其中冻顶乌龙茶和阿里山乌龙茶都是知名品牌。

乌龙茶除在中国内销外，也大量出口，深受国内外消费者的喜爱。

（3）红茶是一种全发酵茶，其制作工艺包括萎凋、揉捻、发酵、干燥等环节。红茶的色泽红润，味道醇厚，具有独特的甜香和果香，是世界范围内广受欢迎的茶类之一。

红茶的产区主要分布在中国、印度、肯尼亚、斯里兰卡、印度尼西亚等地。其中，中国的安徽、湖北、湖南、浙江、江苏等地都有红茶生产，而安徽的祁门红茶是中国红茶的代表。印度和斯里兰卡也是重要的红茶产区，其中印度以阿萨姆红茶和尼尔吉里红茶著名，斯里兰卡则以锡兰红茶著名。肯尼亚和乌干达等非洲国家也是红茶的主要产区，其红茶品质高，口感浓郁，具有独特的果香和甜香。

红茶的消费市场遍布全球，从欧洲到亚洲，再到美洲和非洲，都有广泛的消费群体。在欧洲，英国是红茶消费量最大的国家之一，其下午茶文化更是享誉全球。在美国，红茶也是最受欢迎的饮料之一，每年的感恩节和圣诞节都是红茶消费的高峰期。同时，中国的红茶消费市场也在不断扩大，越来越多的人开始喜欢上具有独特风味和有益健康的红茶。

（4）黑茶是我国所独有的传统茶类，其生产历史悠久。黑茶属于后发酵茶，是一种经过杀青、揉捻、渥堆、干燥等工艺制成的茶，其色泽黑润，口感浓郁，具有降脂、减肥、清热解暑等多种功效。黑茶的产区主要分布在中国的湖南、湖北、浙江、江苏等地，其中湖南的安化黑茶、湖北的蒲圻黑茶、陕西的泾渭茯茶等都是著名品牌。黑茶的产区中，湖南安化黑茶是非常著名的，其产地位于湖南省益阳市安化县。安化黑茶历史悠久，其独特的制作工艺使得茶叶色泽黑褐油润，汤色呈橙黄或橙红，香气醇正，滋味醇和回甘。

黑茶的消费市场主要集中在中国的北方和西北地区，以及俄罗斯、蒙古国等国家。这些地区的消费者喜欢黑茶的口感和功效，将其作为日常饮品之一。近年来随着健康饮食的兴起，黑茶逐渐受到了国内外消费者的青睐，市场需求不断增长。

（5）白茶是一种微发酵茶，制作工艺简单独特，是中国茶类中的特殊珍品。白茶的产地主要集中在中国福建的福鼎、政和、松溪和建阳等地。白茶的品质特征是毫色银白，芽头肥壮，汤色黄亮，滋味鲜醇，叶底嫩匀。其中，白毫银针是白茶中的珍品，其外形似针，白毫显露，色泽银白，香气清高，汤色清亮。

白茶的主要产区福建省具有得天独厚的自然条件，其西北有武夷山脉，东南有戴云山脉，两山夹峙，地势陡峭，山坡较陡，阳光充足，雨量充沛，气候温暖湿润，为茶树的生长提供了良好的生态环境。福鼎、政和、松溪等地都是福建省白茶的重要产区。

白茶的消费市场主要集中在中国、美国及新加坡等国家。近年来，随着人们对健康饮食的关注度不断提高，白茶的保健功能也逐渐被更多人了解和接受，市场需求量逐年增加。其中，福鼎白茶作为中国白茶的代表品牌之一，已经在国内外的茶叶市场中占据了重要的地位。

（6）黄茶是一种轻微发酵的茶，具有“黄叶黄汤”的品质特征。黄茶的产地主要集中在中国湖南、湖北、安徽、浙江、江苏等地。其中，君山银针、蒙顶黄芽和霍山黄芽等都是著名的黄茶品种。

君山银针产于湖南省岳阳市的君山岛，其制作工艺精细，采摘标准严格，茶叶形状似针，色泽金黄，汤色橙黄明亮，香气清鲜。蒙顶黄芽产于四川省雅安市的蒙山，其茶叶色泽黄润，汤色橙黄，香气清醇，滋味醇厚回甘。霍山黄芽则产于安徽省六安市的霍山地区，其茶叶嫩黄清香，汤色黄绿明亮，滋味醇厚回甘。

黄茶的消费市场主要集中在中国南方地区，如湖南、湖北、浙江、江苏等地。此外，随着茶叶市场的不断扩大和消费者对黄茶独特口感的喜爱，黄茶也逐渐受到了国际市场的关注和欢迎。

2.1.3.2 销售渠道

茶叶市场按销售渠道划分可分为线上市场和线下市场。线上市场以电商平台为主要销售渠道，线下市场则以实体店销售为主。

（1）线上市场。茶叶线上市场是指通过电子商务平台进行茶叶销售的市场。随着互联网的普及和电子商务的快速发展，茶叶线上市场已经成为一个不可忽视的销售渠道。茶叶线上市场的优势在于方便快捷、成本低、销售范围广等。消费者可以在家中通过互联网购买茶叶，省去了到实体店购买的麻烦。同时，茶叶线上市场也使得茶叶生产商和销售商能够降低库存、减少中间环节，从而降低成本，提高效益。此外，茶叶线上市场还能够突破地域限制，将茶叶销售到全国各地甚至全球市场。

茶叶线上市场也存在一些挑战和风险。首先，线上市场需要建立品牌形象和维护口碑，确保产品质量和服务的可靠性。其次，线上市场的竞争非常激烈，需要通过不断创新和提高产品品质来吸引消费者。此外，由于线上市场的信息透明度较高，价格竞争也比较激烈，因此需要合理定价和保持良好的价格体系。

为了在茶叶线上市场中获得成功，需要采取一系列的策略和措施。首先，要建立良好的品牌形象和口碑，通过提供优质的产品和服务来吸引和留住消费者。其次，要不断创新产品和提高产品品质，以满足消费者的需求和期望。此外，要合理定价并保持良好的价格体系，以保持竞争优势和盈利能力。同时，还需要采取有效的营销策略来推广品牌和提高品牌知名度。

（2）线下市场。茶叶线下市场是指传统的实体店铺销售模式。相较于线上市场，线下市场具有一些独特的优势和特点。首先，线下市场能够提供更加真实的购物体验。消费者可以亲自前往茶叶店或者茶叶集市购买茶叶，通过观察和品鉴茶叶的外观和口感等方面，更加全面地了解茶叶的品质和特点。其次，线下市场还能够提供更加专业的服务和咨询。消费者可以获得更加专业的茶叶知识和建议，更好地满足自己的需求。再次，线下市场具有更加稳定和可靠的销售渠道。茶叶生产商和销售商可以通过实体店铺或者合作伙伴来建立稳定的销售渠道，确保茶叶的销售量和品质。最后，线下市场还能够提供更加个性化的服务。根据消费者的需求和口味定制茶叶产品，提供更加贴心和专业的服务。

线下市场也存在一些挑战和风险。首先，线下市场的经营成本较高，需要承担租金、人力成本等方面的支出。其次，线下市场的竞争也比较激烈，需要不断提高产品品质和服务质量来吸引消费者。最后，线下市场的覆盖范围有限，难以覆盖更广泛的消费群体。

为了在茶叶线下市场中获得成功，需要采取一系列的策略和措施。首先，要提供优质的产品和服务，确保茶叶的品质和口感符合消费者的需求和期望。其次，要选择合适的经营地点和店铺装修，营造出舒适、专业和有吸引力的购物环境。此外，要加强宣传和推广，提高品牌知名度和口碑。同时，还要建立稳定的销售渠道和合作伙伴关系，扩大销售量和提高市场份额。

2.1.3.3 市场空间

茶叶市场按市场空间划分可分为国内市场和国际市场。国内市场主要满足国内消费者的需求，国际市场则面向全球消费者。

（1）茶叶国内市场是指茶叶在中国境内的销售市场。中国是世界上最大的茶叶生产国和消费国，茶叶在国内市场具有悠久的历史和广泛的需求。

国内茶叶市场具有以下特点。

茶叶种类繁多。中国拥有丰富的茶树资源和多样的茶叶品种，包括绿茶、红茶、乌龙茶、黑茶、黄茶等，每种茶叶都有其独特的品质和特点，满足了不同消费者的需求。

地域性明显。中国的茶叶市场具有强烈的地域性特征，各地消费者对茶叶的口味和品质有不同的要求和偏好。因此，各地的茶叶生产和销售也具有一定的差异和特色。

品牌影响力较大。在国内市场，品牌对茶叶销售的影响力较大。一些知名的茶叶品牌在市场上具有较高的知名度和口碑，能够吸引更多的消费者购买。

消费升级趋势明显。随着人们生活水平的提高和健康意识的增强，消费者对茶叶品质和口感的要求也在不断提高。同时，新型茶饮如奶茶、水果茶等也在不断涌现，满足了年轻消费者的需求。

中国茶叶市场虽然具有广阔的发展前景和潜力，但茶叶生产商和销售商也面临着一些挑战，如市场竞争激烈、消费者需求多样化、品质控制等问题。因此，需要采取有效的策略和措施来提高产品品质和服务质量，以赢得消费者的信任和忠诚。

（2）茶叶国际市场是指茶叶在不同国家和地区的销售和流通。随着全球化的加速和茶文化的传播，茶叶国际市场已经成为一个不可忽视的重要领域。

茶叶国际市场的特点主要体现在以下几个方面。

①全球性消费需求。茶叶作为一种世界性的饮料，具有广泛的消费群体。不同国家和地区的消费者对茶叶的品种、口感和品质有着不同的需求和偏好，这为茶叶生产商和销售商提供了更广阔的市场空间。

②多样化产品需求。除传统的茶叶产品外，不同国家和地区的消费者对新型茶饮和茶点也有不同的需求。例如，奶茶、果茶、茶酒等新型产品的出现，满足了年轻消费者的口味和需求。

③品质和安全要求高。由于茶叶是一种食品，国际市场对茶叶的品质和安全要求非常高。茶叶生产商和销售商需要遵守相关国家和地区的食品安全法规和标准，确保茶叶的品质和安全。

④文化和品牌价值。茶叶作为一种文化饮品，具有丰富的文化内涵和品牌价值。国际市场对知名茶叶品牌的需求越来越大，品牌的文化内涵和品质保障成为吸引消费者的重要因素。

为了在茶叶国际市场中获得成功，需要采取一系列的策略和措施。首先，要了解目标市场的需求和偏好，制定合适的市场营销策略。其次，要提高产品的品质和安全性，确保符合相关国家和地区的法规和标准。再次，要加强品牌建设和宣传，提高品牌知名度和美誉度。最后，还需要与当地合作伙伴建立良好的合作关系，共同开拓市场。

总体来说，茶叶国际市场具有广阔的发展前景和潜力。通过创新、品质保障和市场营销等手段不断提升品牌影响力和市场份额，将为茶叶产业的可持续发展注入新动力。

2.1.3.4 消费目的

（1）礼品用茶。中国自古以来便被誉为礼仪之邦，这一传统深深烙印在人们的日常生活中。礼尚往来不仅是社交的润滑剂，更是情感交流的桥梁。无论是重要的节日还是寻常的日子，人们都会寻找那份能代表心意的礼物，送给那些对于自己来说重要的人。其中，高档茶叶作为一种既能体现文化底蕴又具备实用价值的礼品，自然成了人们眼中的佳品。

茶叶在中国有着几千年的历史，它不仅是饮品，更是一种文化的象征。高档茶叶更是如此，它的品质、口感和背后的故事都使其成为礼品市场中的翘楚。随着生活水平的提高，人们对生活质量提出了更高的要求。茶叶，尤其是具有明显保健功能的茶叶，正逐渐受到越来越多人的青睐。这种茶叶不仅能为人们的健康保驾护航，还能满足现代人对于精神文化层面上的追求。于是，在这样的时代背景下，礼品茶市场呈现出一片繁荣景象。从精致的礼盒包装到个性化的定制服务，从线上购买到线下体验，礼品茶市场正在不断地拓展和创新。它满足了人们在送礼时的多种需求，既有面子，又有里子；既能表达情感，又能传递文化。

（2）生活用茶。随着消费水平的整体提高，人们的社交活动逐渐增多，对生活品质的要求也越来越高。与此同时，消费观念也在发生着深刻的变化。在众多的饮品中，茶因其独特的口感和无可替代的保健功能，逐渐成为人们日常生活的最佳天然保健饮料。

在快节奏的现代生活中，人们越来越注重健康，而茶叶所富含的营养成分和抗氧化物质正好满足了这一需求。无论是绿茶的清香、红茶的甘醇还是乌龙茶的独特口感，都让人们在品味茶香的同时，感受到了它对身体的益处。

此外，随着国家对理性消费的倡导，反对铺张浪费的观念逐渐深入人心。过去那种追求高档、奢侈的畸形消费现象正在逐渐减少，人们对高档茶叶的消费观念也逐渐回归理性。这不仅是对个人消费行为的规范，也是对整个社会健康、可持续发展的有力推动。

在这样的背景下，茶叶市场逐渐呈现出一种理性化的趋势。消费者更加注重茶叶的品质和口感，而不是仅仅追求品牌和价格。同时，茶叶生产商和销售商也更加注重茶叶的源头管理和质量安全，以提供给消费者更加健康、可靠的茶叶产品。

因此，理性化的茶叶市场不仅是对消费者需求的真实反映，也是对整个茶叶产业健康发展的有效保障。在未来的发展中，理性化的茶叶市场将继续发挥其积极作用，推动茶叶产业的持续、健康发展。

（3）茶馆。茶馆这一深深根植于我国土壤的传统服务行业，拥有着数千年的悠久历史。它不仅是一个提供茶水的场所，更是中华文化的一个重要载体。近年来，随着我国经济的迅猛发展，人们的生活水平得到了显著提高，休闲时间也随之增多。这一变化为茶馆行业带来了前所未有的发展机遇，茶馆的数量和规模都有了显著的增长，呈现出一派繁荣的景象。

茶馆不仅在经济上为社会作出了贡献，更在社会文明方面发挥着不可替代的作用。在茶馆里，人们可以放松身心，放下日常的烦恼和压力，享受一段宁静的时光。茶馆成为人们交朋会友、洽谈商务的理想之地，促进了人与人之间的交流与合作。此外，茶馆也是茶文化和我国传统文化的传播阵地。在这里，人们不仅可以品尝到各种优质的茶叶，还可以通过茶艺表演、茶道讲解等方式，深入了解茶文化的内涵和精髓。茶馆中的布置、装饰，以及服务方式等都蕴含着我国传统文化的韵味，让人们在品尝美味茶水的同时，也感受到了中华文化的博大精深。

因此，茶馆在我国社会中扮演着重要的角色，它既是人们休闲娱乐的场所，又是社交活动的平台，也是传播文化的窗口。在未来的发展中，我们有理由相信，茶馆将继续发挥其独特的作用，为我国的社会文明进步和经济发展作出更大的贡献。

（4）办公用茶。茶叶，这一古老而又充满智慧的饮品，因其独特的提神醒脑功效，正逐渐受到广大办公室一族的青睐。在繁忙的工作中，一杯清茶不仅能舒缓疲劳，提高工作效率，还能为人们带来一份宁静与惬意。为了满足现代人快节奏的生活需求，市场上涌现出越来越多的袋泡茶。这种茶叶经过精心包装，既方便携带，又易于冲泡，成为许多职场人士的首选。无论是出差、旅行还是加班，一袋袋泡茶能随时为你提供一杯清香四溢的茶饮，让你随时随地享受茶的美好。除此之外，花草茶也以其独特的魅力在茶叶市场中占据了一席之地。这种茶叶不仅口感醇和，还有美容养颜、排毒明目等功效，尤其受到职场女性的喜爱。在紧张的工作之余，为自己泡上一杯花草茶，不仅能滋润身心，还能为肌肤注入活力，使你在职场上始终保持最佳状态。

无论是袋泡茶还是花草茶，都在以其独特的方式满足着现代人对健康、品质生活的追求。在未来的茶叶市场中，它们将继续发挥重要作用，为人们的生活增添更多色彩与滋味。

2.2 茶叶市场营销管理

2.2.1 茶叶市场营销管理的实质

茶叶市场营销管理的实质，是指通过对茶叶市场的深入研究和分析，理解消费者的需求和行为，从而制定并执行一系列有效的营销策略。这不仅是为了满足消费者的需求，更是为了实现企业的经营目标，提升品牌的市场份额和影响力。

为了达到这一目标，企业需要在多个方面进行细致的决策。

首先，对于产品本身，明确其定位和目标消费者群体是至关重要的。在茶叶市场中，产品种类繁多，不同的茶叶品种、口感和品质都有其特定的消费群体。因此，企业需要根据自身资源和市场状况，明确产品的定位和目标消费者群体。为了研发和设计出符合消费者需求和口味的茶产品，企业需要进行深入的市场调研，包括了解消费者的购买动机、口味偏好、消费习惯，以及价格敏感度等。通过这些调研，企业可以更好地把握消费者的需求，为产品研发提供有力的依据。在产品研发过程中，企业需要注重创新和差异化。创新是茶叶市场持续发展的动力，企业需要不断探索新的茶叶品种，以满足消费者日益多样化的需求。同时，企业还需要注重产品的差异化，打造自身产品的独特卖点，以区别于竞争对手，提升市场份额。产品的品质和安全是茶叶市场营销管理的核心要素。品质是消费者对产品的基本要求，品质稳定、口感优良的产品才能赢得消费者的信任和忠诚。因此，企业要严格监控茶叶的原料采购、加工工艺和品质检测等环节，确保产品品质的稳定性和可靠性。

企业还要关注产品的安全性。随着消费者对食品安全问题的关注度不断提高，茶叶的安全性已经成为消费者选择产品时的重要考量因素。因此，企业需要建立完善的质量管理体系，确保茶叶的来源可靠，确保所产茶叶无污染、无农药残留等安全问题。

其次，在价格策略的制定上，企业需要综合考虑多个因素，包括成本、市场需求和竞争态势。成本是企业定价的底线，企业需要确保销售价格能够覆盖生产成本、营销成本以及其他费用。同时，企业还需要了解市场需求和竞争态势，以制定更具竞争力的价格策略。市场调研是制定价格策略的关键步骤。企业需要通过市场调研了解消费者的价格敏感度，即消费者对于产品价格的接受度和反应。此外，企业还需要了解竞争对手的价格策略，包括竞争对手的产品定价、促销活动等信息。通过这些调研，企业可以制定出更具竞争力的价格策略，以吸引消费者并提高市场份额。在制定价格策略时，企业还需要考虑产品的定位和市场目标。如果产品定位为高端市场，那么价格策略需要与高端形象相匹配，价格相对较高；如果产品定位为中低端市场，那么价格策略需要更加注重性价比和消费者接受度。

最后，渠道策略在茶叶市场营销管理中具有至关重要的作用。随着市场的不断发展和变化，茶叶的销售渠道也呈现出多元化的趋势。线上电商平台、实体店铺、批发市场等都是常见的销售渠道，而企业需要根据自身情况和市场状况选择最适合自己的渠道。

线上电商平台是近年来茶叶销售的重要渠道之一。通过电商平台，企业可以拓展更广泛的市场覆盖范围，降低销售成本，提高经营效率。同时，电商平台也为消费者提供了更方便、快捷的购物体验。为了更好地利用电商平台，企业需要建立完善的网络营销体系，包括官方网站、社交媒体平台等，以吸引更多流量和潜在客户。

实体店铺是茶叶销售的重要渠道之一。实体店铺能够为消费者提供直观的产品体验和专业的咨询服务，从而增加消费者的购买信心和提高消费者的忠诚度。对于茶叶品牌而言，开设实体店铺有助于树立品牌形象，提升品牌知名度和美誉度。

批发市场是茶叶销售的传统渠道之一。通过批发市场，企业可以将产品销往各地的经销商、零售商等，快速拓展销售网络。然而，随着市场的变化和消费者需求的升级，批发市场的竞争也日益激烈，企业需要不断创新产品和提升产品质量以保持竞争优势。

在选择销售渠道时，企业需要综合考虑多个因素，包括产品特性、目标市场、竞争状况等。不同的产品特性、市场定位和目标消费群体需要选择不同的销售渠道。例如，高端茶叶产品更适合在实体店铺销售，而中低端产品更适合通过网络平台销售。同时，企业还需要考虑销售渠道的成本和利润空间，选择最能提升经营效率和降低成本的渠道。而在整个市场营销过程中，企业需要时刻关注市场的变化，不断调整和优化营销组合。因为市场是动态的，消费者的需求和行为也会随着时间和社会环境的变化而变化。只有不断调整和创新，才能确保企业的营销策略始终与市场保持一致，实现持续的发展和增长。

2.2.2 茶市场营销管理的任务

茶叶市场营销管理的任务是复杂的，它涉及多个层面和角度。

茶叶市场营销管理的任务主要包括以下几个方面。

（1）市场研究。市场研究的基础任务是了解和把握市场需求。这意味着要对茶叶消费者进行深入的研究，包括他们的消费习惯、口味偏好、购买力，以及消费心理等。通过这些研究，可以更准确地定位目标市场和目标消费者，从而制定更有效的营销策略。深入了解消费者的需求、消费习惯和购买行为是茶叶市场营销管理的基础。

首先，企业需要通过市场调研、消费者访谈等方式，全面了解消费者的需求包括消费者对茶叶品种、口感、品质、包装等方面的需求。通过这些调研，企业可以更好地把握消费者的需求，为产品研发和定位提供依据。

其次，企业还需要了解消费者的消费习惯和购买行为，包括消费者的购买频率、购买渠道、价格敏感度、品牌忠诚度等方面的信息。了解这些信息有助于企业制定更符合消费者需求的销售策略，提高产品的销售量和市场占有率。

再次，除需要了解消费者需求和消费习惯与购买行为外，分析竞争对手的策略也是制定营销策略的重要环节。企业需要了解竞争对手的产品定位、价格策略、促销手段等，以便更好地制定自己的竞争策略。

最后，企业还需要关注市场趋势，包括茶叶市场的整体规模、增长速度、消费者需求的变化等。通过分析市场趋势，企业可以提前布局，抓住市场机遇，提升自身竞争力。

（2）品牌建设。品牌建设包含品牌定位、形象设计和品牌传播，这些是提升茶叶品牌知名度和美誉度的关键手段。

首先，品牌定位是品牌发展的核心，它明确了品牌在市场中的独特价值和位置。为了实现有效的品牌定位，企业需要对市场进行深入分析，了解消费者的需求和偏好，从而确定品牌的竞争优势和独特卖点。

其次，品牌形象设计是塑造品牌形象的重要环节。一个独特的、富有吸引力的品牌形象能够使品牌在市场中脱颖而出。企业需要从视觉识别、品牌口号、包装设计等方面入手，打造具有辨识度和记忆点的品牌形象。同时，品牌形象的设计应与品牌定位相一致，充分体现品牌的独特价值和核心卖点。

最后，品牌传播是提升品牌知名度和美誉度的关键手段。企业需要通过多种渠道和媒介，如广告、公关活动、社交媒体等，将品牌信息传递给目标消费者。在传播过程中，企业需要注重与消费者的互动和沟通，增强消费者对品牌的认同感和忠诚度。通过持续的品牌传播和口碑积累，企业可以不断提升品牌的知名度和美誉度，扩大市场份额。

（3）产品开发。根据市场需求和消费者反馈不断改进和开发新产品，是满足消费者多样化需求的重要手段。在茶叶市场中，消费者的口味和需求是不断变化的，因此企业需要时刻关注市场动态，了解消费者的需求和反馈，以便及时调整产品策略。

首先，企业需要通过市场调研和分析销售数据，了解消费者的需求和偏好。这包括了解消费者对茶叶品种、口感、品质、包装等方面的需求，以及消费者的购买动机和价格敏感度。通过这些调研，企业可以更好地把握市场趋势和消费者需求，为改进和开发产品提供依据。

其次，企业需要根据消费者反馈和市场趋势，不断改进现有产品。这包括优化产品配方、改进加工工艺、提高产品质量等方面。企业需要保持敏锐的市场触觉，及时收集和分析消费者反馈，针对存在的问题和不足之处进行改进。同时，企业还需要关注市场趋势和竞争对手的产品动态，以便及时调整自身产品策略。

最后，企业需要不断开发新产品，以满足消费者的多样化需求。这包括开发新的茶叶品种，以及推出新的包装和衍生产品等。通过不断创新和开发新产品，企业可以拓展更广泛的市场覆盖范围，满足不同消费者的需求。

（4）价格策略。制定合理的价格策略是提高产品竞争力的关键因素之一。企业需要根据产品成本、市场需求和竞争情况等多个因素进行综合考虑，制定出既能吸引消费者又能保证利润的价格策略。

首先，企业需要深入了解产品成本，包括生产成本、运输成本、营销成本等。这些成本是制定价格策略的基础，企业需要确保销售价格能够覆盖成本并实现盈利。同时，企业还需要了解市场对不同价格区间的接受程度，以及消费者的价格敏感度，以便制定更具竞争力的价格策略。

其次，企业需要关注市场需求和竞争情况。在茶叶市场中，消费者的需求和口味是多样化的，企业需要根据不同的消费群体和市场需求，制定不同的价格策略。同时，企业还需要了解竞争对手的价格策略和产品定位，以便制定更具竞争力的价格策略。

在制定价格策略时，企业可以考虑采用一些促销手段和定价策略来提高产品的竞争力。例如，企业可以制定有竞争力的折扣政策和优惠活动，吸引消费者进行购买。此外，企业还可以考虑采用心理定价策略、捆绑定价策略等手段来提高产品的性价比和竞争力。

（5）促销活动。促销活动是茶叶市场营销管理中的重要环节，通过各种促销手段，企业可以吸引消费者的注意力，提高产品的销售量。促销活动不仅可以增加产品的曝光度，还能在短时间内提升销售额，对企业的经营效益有显著影响。

折扣是最常见的促销手段之一。企业可以通过直接降价或打折的方式，吸引消费者购买。例如，在特定的节假日或季节，企业可以推出不同的折扣活动，如满减、折扣率等，以吸引消费者的眼球。同时，企业还可以制定会员制度，为会员提供更多的优惠和福利，提高消费者的忠诚度。

赠品也是有效的促销手段之一。通过赠送礼品或赠品兑换的方式，企业可以增加产品的附加值，提高消费者的购买意愿。赠品可以是与茶叶相关的产品，如茶具、茶叶罐等，也可以是与茶文化相关的礼品，如书籍、艺术品等。这种方式既能吸引消费者购买，又能加快品牌形象传播的速度。

品茶会是针对高端茶叶市场的有效促销手段。通过举办品茶会，企业可以邀请潜在消费者品饮优质茶叶，体验茶叶的独特口感和品质。在品茶会上，企业可以向消费者介绍茶叶的品种、产地、制作工艺等方面的知识，提高消费者对产品的认知和信任度。同时，品茶会也是一种社交活动，能够为消费者提供一个交流和互动的平台。

（6）渠道管理。建立和维护有效的销售渠道是茶叶市场营销管理中的关键环节，它直接关系到产品的市场覆盖率和可获得性。一个健全的销售渠道能够确保产品顺利进入市场，增加销售量，提升市场份额。

首先，企业需要对目标市场进行深入的分析，了解消费者的购买习惯和渠道偏好。根据市场分析结果，选择适合的销售渠道，如线上电商平台、实体店铺、批发市场等。不同的销售渠道具有不同的优势和特点，企业需要根据产品特性和市场状况合理选择和布局。

其次，企业需要与渠道商建立良好的合作关系。通过与渠道商的沟通和协作，共同制定销售策略，提高产品的覆盖率和可获得性。在合作过程中，企业需要提供优质的产品和服务，以及合理的销售政策，以维护渠道的稳定和健康发展。

再次，企业还需要不断优化和完善销售渠道。随着市场的变化和消费者需求的变化，企业需要适时调整销售渠道策略，以适应市场的变化。例如，随着电商平台的兴起，企业可以加大线上销售的力度，提高产品的线上覆盖率。同时，企业还需要关注新兴销售渠道的涌现，如社交电商、直播带货等，以拓展更广泛的市场空间。

最后，企业需要加强对销售渠道的管理和监控。通过建立完善的渠道管理体系和监控机制，确保销售渠道的合规性和稳定性。企业需要定期对销售渠道进行评估和审计，及时发现和解决潜在的问题和风险，以确保产品的顺利流通和市场覆盖率的提升。

市场营销管理需不断创新和调整策略。茶叶市场是动态变化的，消费者需求、竞争状况等因素都可能发生变化。因此，市场营销管理需要保持敏锐的市场触觉，及时调整和优化营销策略，以适应市场的变化。

【本章小结】

本章对市场与市场营销管理进行了全面的概述。通过深入探讨茶叶市场的含义、构成要素和主要类型，以及市场营销管理的实质和任务，为后续章节的学习奠定了坚实的基础，也为茶叶企业在市场竞争中制定有效的营销策略提供了重要的理论支持和实践指导。

第 3 章　茶叶市场营销环境

3.1　茶叶市场营销环境概述

3.1.1　茶叶市场营销环境的概念

环境是指事物外界的情况和条件。茶叶市场营销环境是指存在于茶叶企业营销系统外部的不可控制或难以控制的因素和力量，这些因素和力量是直接或间接影响企业营销活动及其目标实现的外部条件。

茶叶企业如同自然界的生物有机体，总是存在于一定的环境之中，面临着优胜劣汰、适者生存的选择。因而茶叶企业的营销活动不能脱离其存在的环境而孤立地开展。茶叶企业只有主动地去适应环境，了解、掌握环境状况及其发展趋势，并通过开展与环境相适应的营销活动来影响企业的外部环境，使环境有利于企业的生存和发展，从而提高企业营销活动的有效性。市场营销环境是一个多因素、多层次、广泛复杂而又发展变化的系统。其中被大众普遍接受的是营销大师菲利普·科特勒的划分法，即将整个营销环境划分为微观环境和宏观环境两大类。这种划分方式不仅揭示了营销环境的层次性，还指明了对企业营销活动产生直接或间接影响的多种因素和力量，如图 3-1 所示。

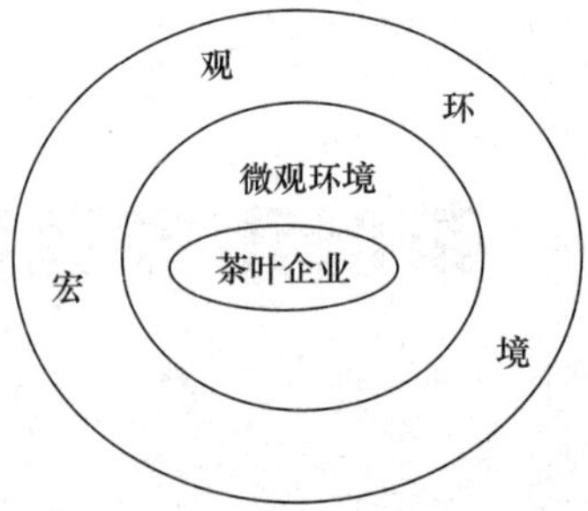

图 3-1　营销环境对企业的作用

微观环境是指与茶叶企业紧密相连、存在直接经济业务联系，并直接影响和制约企业营销能力和效率的各类行为主体，包括供应商、企业、营销中介机构、顾客、竞争者和公众等行为主体。其中，供应商、企业、营销中介机构和顾客构成了企业的核心营销系统，它们形成了一种相互协作和服务的关系；而竞争者和公众是企业营销活动成功与否的决定性因素，它们与企业形成的主要是竞争和制约的关系。

宏观环境是指既影响企业营销活动，又影响微观环境的一系列巨大的社会变量。主要包括人口环境、经济环境、科技环境、自然环境、政治法律环境和社会文化环境六大因素。微观环境和宏观环境中诸因素的关系如图 3-2 所示。

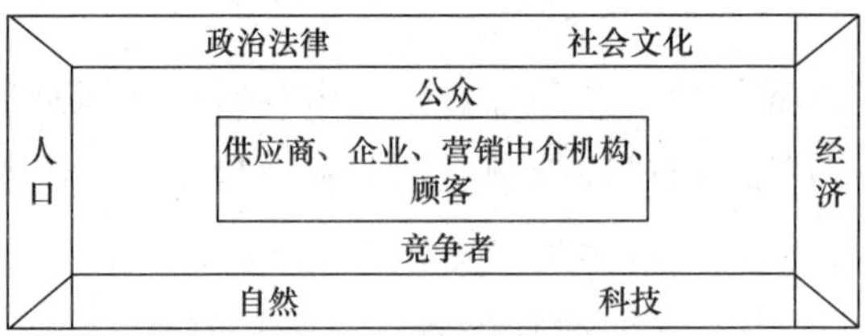

图 3-2　各种环境因素的关系

微观环境与宏观环境之间不是并列关系，而是包容与从属关系，各个微观环境主体总是处于宏观环境因素的包围和影响之中，并依托于宏观环境的变化而变化；而宏观环境一般以微观环境为媒介去影响和制约企业的营销活动，在特定情况下，也可直接影响企业的营销活动。

3.1.2　茶叶市场营销环境的主要特征

3.1.2.1　客观性

营销环境因素主要是由企业不可控制的外部力量构成，它不以营销者意志为转移而客观存在着，对企业营销活动的影响具有强制性和不可控性的特点。客观存在的环境，企业是难以按照自身的要求和意愿而随意改变的，如人口因素、政治法律因素及社会文化因素等。但是，企业可以主动监测和把握市场环境，并随着市场环境的变化不断调整营销方案，使营销方案与环境保持动态平衡。与此同时，密切关注环境诸多要素和力量的变化也可以使企业因势利导，让其营销活动能够主动适应客观经济环境，将不利转化为有利并加以利用。

3.1.2.2　差异性

不同的国家或地区之间，宏观环境存在着广泛的差异；不同的企业之间，微观环境也是千差万别。正因营销环境差异的存在，企业为适应不同的环境及其变化，必须采用独具特色且针对性较强的营销策略。例如，中国加入世贸组织后，贸易中的技术壁垒和绿色壁垒对我国茶叶出口造成了较大的冲击，但这一冲击对于不同出口企业而言又存在较大差异，如经营无公害、绿色食品茶、有机茶的企业则面临更多机会，经营常规茶叶的企业则面临更多的挑战。环境的差异性要求茶叶企业必须做到因地制宜、因时而异，及时采取与其相适应的营销策略，从而提高营销策略的时效性和高度关联性。

3.1.2.3　动态性

营销环境作为茶叶企业营销活动的基础和条件，时常处于一个动态的变化发展之中。构成营销环境的众多因素都随着社会经济的发展而不断变化，根据各因素变化程度的不同，可将它们划分为较稳定的环境、缓慢变化的环境和骤然变化的环境。营销环境因素的变化，就如同一把双刃剑，不仅带来了机会也带来了挑战。因此，茶叶企业应建立对环境变化趋势及其发展状态的实时预测机制，设立企业营销预警系统等，以实现对不断变化的营销环境的追踪，及时调整生产营销策略。

3.1.2.4　相关性

营销环境中的各种因素之间并不是独立存在的，而是相互影响、相互制约的，某一因素的变化都可能直接或间接引起其他因素的变化。例如，导致茶叶价格上涨的直接原因是市场需求旺盛、产品供不应求，而与此相关的间接原因可能是生产原料成本上涨、灾害、国家政策导向等。营销环境的相关性要求茶叶企业必须把对营销环境作为一个系统研究，切不可将各个因素割裂开来，或是仅凭表象做出决策，而是要全面系统地分析各要素的因果联系，由表及里，挖掘现象本质。

3.1.3 茶叶企业营销与营销环境的关系

在茶叶企业营销活动中，市场营销环境是不可控制且难以控制的，营销环境对企业的营销活动产生的影响，具体表现在以下三个方面。

（1）市场营销环境对企业营销具有双重影响。市场营销环境及其自身的变化不仅会给企业提供新的市场机会，为企业的发展创造条件，也会给企业带来威胁，限制或阻碍企业的生存与发展。

由于营销环境具有多变性，在一定条件下，威胁和机遇会进行相互转化。因此，茶叶企业应时刻保持敏锐的市场嗅觉，加强对宏微观环境的分析，善于捕捉市场机会；同时也要及时预见环境威胁，针对不同状况采取适当措施，推动企业营销活动的顺利开展，实现企业的持续发展。

（2）市场营销环境是企业营销活动的资源基础。企业营销活动所需的各种资源，如资金、信息、人才等都是由环境提供的，它们与企业的发展密切相关，影响企业利用机会和规避风险的能力，直接关系到企业的发展前途。

因此，企业必须分析研究营销环境因素，在把握各个因素特点的同时，还应关注不同营销环境下各种因素的最佳组合，充分发挥各要素的作用，实现企业的营销目标。

（3）市场营销环境是企业制定营销策略的重要依据。市场营销环境是客观存在的，不以企业的意志为转移。但企业可以充分发挥主观能动性，依据客观的市场营销环境制定具有针对性且行之有效的营销策略，并在营销活动过程中根据营销环境的变化不断做出调整。

另外，茶叶企业的营销活动作为市场营销环境的组成部分，也会影响市场营销环境。茶叶企业在制定营销策略、开展市场营销活动时，应以积极、主动的态度去适应营销环境，有效地把握市场机会。

同时，可在一定条件下运用自身的资源，积极开展营销活动，创造更有利于企业营销活动开展的空间。菲利普·科特勒的“大市场营销”理论认为，企业为了成功地进入特定的市场，在策略上应实现经济手段、心理手段、政治手段，以及公共关系手段的协调运用，以博得国内外和地方有关方面的合作与支持，为企业开展营销活动创造一个宽松的外部环境。

3.2　茶叶市场营销宏观环境

宏观营销环境包括人口、经济、生产、自然、加工技术等因素，企业及其微观环境的参与者，无不处于宏观环境之中。宏观环境是作用于一切组织或个人的社会大环境系统，对企业的市场营销活动产生广泛而强烈的影响。

3.2.1　茶叶人口消费环境

市场由兼具购买欲望和支付能力的人组成，人是构成市场的第一要素。人口环境对市场具有长远的和整体的影响，从根本上制约着企业营销机会的形成和市场目标的选择。因此，把握人口环境的现状和变化发展趋势，多角度、全面地认识人口环境与企业营销的关系，是企业开展营销活动的重要依据之一。一般来说，对市场营销的人口环境的把握主要从人口规模、人口增长、人口构成及人口分布四个方面着手，对其进行动态和静态的分析。

3.2.1.1　人口规模

人口规模是指一个国家或地区的总人口数量，是衡量市场潜在容量的重要因素。对于提供满足人们基本生活的茶叶企业而言，其所在的市场区域人口规模越大，其市场规模和潜能越大，营销机会也就越多；而对于提供高档茶产品或定位于奢侈品市场的茶叶企业来说，单纯的人口数量不足以确定其市场规模，还必须考虑到人口的实际购买力大小，只有联合二者才能全面客观地分析市场的规模。如果一个国家或地区的人口规模大，且人均收入水平高，购买力强，则对于任何茶叶企业的营销活动都是有利的。

3.2.1.2　人口增长

人在市场中的双重身份带来了人口增长对企业营销的双面影响：一方面，

随着人口的不断增长和经济的快速发展，人们的平均购买力也会相应地或更快地提高，这意味着经济的发展和市场的扩大，将为茶叶企业提供更多的发展机会；另一方面，如果人口增长速度超过经济的增长速度，人们的平均购买力可能会被人口高速度增长拉低。因此，茶叶企业不仅要从静态的人口规模上考察市场容量，还应从人口增长的动态趋势去考察市场，并把这种趋势与经济增长形势结合起来分析企业的营销局势。

从全球整体而言，人口还是处于不断增长的趋势。人口的过度膨胀给有限的地球资源带来了巨大压力，为此各国政府、非政府组织等倡导和推行低碳、绿色、健康的生活。茶叶作为一种无酒精的饮品是世界三大饮料之一，它是大自然对人类的馈赠，与时代发展节奏相吻合。茶叶企业营销应结合天然、绿色、生态、保健、养生、旅游等概念，把握人口增长的趋势和特点。

3.2.1.3 人口构成

人口构成是指各类人口在总人口中所占的比重。人口构成的划分比较复杂，一般可分为自然构成和社会构成两大类。

（1）自然构成。人口的自然构成一般包括年龄、性别、家庭等。

①年龄构成。年龄构成指不同年龄段人口所占的比重，它是影响社会经济活动的重要因素之一。由于年龄的差异，人们的生理和心理特征、收入状况以及消费需求和模式都会有所不同。

对于茶叶消费者来说，这种差异同样存在。青年消费者，由于其生活节奏较快，往往更倾向于选择方便、快捷的茶叶消费方式。例如，他们可能更喜欢即饮茶饮料，因为这种饮料携带方便，可以随时随地满足他们的饮品需求。此外，青年消费者也可能倾向于选择独立小包装的茶叶，这样不仅可以保证茶叶的新鲜度，而且便于携带和储存。

相比之下，中老年消费者由于其生理特征和心理需求，往往更倾向于传统的泡饮方式。他们更注重茶叶的品质和口感，以及泡茶的仪式感和与亲友共享的社交体验。因此，他们可能更倾向于购买整包装的茶叶，以便于在家中慢慢品味。此外，他们也可能更注重茶叶的品牌和口碑，以保障茶叶的品质和安全性。

为了更好地满足不同年龄段消费者的需求，茶叶营销者需要深入了解目标消费群体的特征和需求。针对青年消费者，他们可以推出方便、快捷的茶叶产品，如即饮茶饮料和小包装茶叶；而针对中老年消费者，可以强调茶叶的品质和传统泡饮方式，提供整包装的茶叶和相关的泡茶器具。通过这样的市场定位和产品差异化策略，茶叶营销者可以更好地满足不同年龄段消费者的需求，提升市场占有率和品牌影响力。

②性别构成。性别构成是指在一个总人口中，男女两性各自所占的比重，通常用性别比来衡量。性别比是一个重要的社会指标，反映了不同性别在人口中的分布情况。

在茶叶消费市场中，性别差异同样是一个不可忽视的因素。女性消费者和男性消费者对于茶叶的需求和偏好有着明显的不同。

女性消费者注重茶叶的多种功效，特别是与健康和美容相关的功效。这是因为女性更关注自身健康和外貌，而茶叶中的一些成分具有抗衰老、抗氧化和瘦身美容的功效，正好符合女性消费者的需求。因此，女性消费者更倾向于选择具有这些功效的茶叶产品，如花草茶、果味茶等。

相比之下，男性消费者在选择茶叶产品时，更注重与自己的购买力水平相称的茶产品。他们更倾向于选择口感浓郁、品质优良的茶叶，如普洱茶、铁观音等。男性消费者更注重茶叶的品牌和口碑，以确保自己购买的茶叶品质可靠、值得信赖。

为了更好地满足不同性别消费者的需求，茶叶营销者需要深入了解目标消费群体的特征和需求。针对女性消费者，可以推出具有美容养颜、瘦身等功效的茶叶产品，强调茶叶的保健功能；而针对男性消费者，可以强调茶叶的品质和口感，提供符合他们购买力水平的茶叶产品。通过这样的市场定位和产品差异化策略，茶叶营销者可以更好地满足不同性别消费者的需求，提升市场占有率和品牌影响力。

③家庭结构。根据家庭成员的构成，一个家庭可以被归为两类：一是多成员家庭，二是家庭成员较少的。在多成员家庭中，由于家庭成员数量较多，他们通常会选择大容量的家庭装茶饮料，因为这样能更好地满足整个家庭的需求。此外，他们也倾向于选择散装的实惠型茶叶，因为这种茶叶价格相对较低，而且可以满足长期饮用的需求。

相比之下，成员较少的家庭，如单身人士或只有夫妻两个人的小家庭，他们的需求则有所不同。由于家庭成员较少，他们更倾向于选择小容量的瓶装茶饮料，这样更容易控制茶叶的消耗速度。此外，他们也倾向于选择包装精美的茶叶，因为这样的茶叶不仅外观吸引人，而且往往品质更优，能够满足他们对茶叶品质和审美的需求。

对于茶叶营销者来说，了解不同家庭结构的需求是至关重要的。他们可以根据不同家庭的需求，灵活地调整产品设计、包装和促销策略。例如，对于多成员家庭，他们可以设计更大容量的家庭装茶饮料和散装实惠型茶叶，同时在促销上强调其价格优势和大量购买的好处。而对于成员较少的家庭，可以推出小容量的瓶装茶饮料和包装精美的茶叶，同时在促销上强调其便利性和品质保证。通过这样的策略调整，茶叶营销者可以更好地满足不同家庭结构的需求，提升销售业绩。

（2）社会构成。人口的社会构成是一个多元化的领域，它包括职业构成、民族构成、教育程度以及地域或城乡构成等多个方面。这些因素共同影响着人们的生活方式、价值观和消费习惯，进而导致他们对茶叶消费需求和消费习惯的差异。

首先，不同职业的人群在茶叶消费上表现出明显的差异。例如，办公室白领由于长时间坐在电脑前，更倾向于选择具有提神醒脑功能的绿茶或咖啡因含量较高的黑茶；而从事体力劳动的人群可能更偏好能够补充体力的红茶或暖胃的普洱茶。

其次，不同民族的人群在茶叶消费上也有所不同。例如，汉族人更倾向于饮用绿茶、红茶和乌龙茶，而蒙古族人更喜欢饮用砖茶。此外，藏族人常用酥油茶待客，回族人则习惯饮用甜味的“八宝茶”。

再次，教育程度也会影响人们对茶叶的消费需求和消费习惯。一般来说，受过高等教育的人群更注重茶叶的品质和文化内涵，他们更倾向于选择大品牌、有品质保证的茶叶，并注重茶叶的冲泡技巧和文化体验。

最后，地域或城乡差异也是影响茶叶消费的重要因素。城市居民由于生活节奏较快，更倾向于选择方便快捷的袋装茶或即饮茶饮料；而农村居民更喜欢传统的壶煮茶或大壶泡饮方式。此外，南方地区由于气候湿润，人们更倾向于饮用乌龙茶、铁观音等具有清热祛湿功效的茶叶；而北方地区更喜欢红茶、普洱茶等具有暖胃、驱寒功效的茶叶。

为了更好地满足不同目标客户的需求，茶叶企业应深入了解目标市场的消费者特征，根据他们的职业、民族、教育程度和地域特点，制定相应的营销策略和产品定位。例如，针对办公室白领，可以推出提神醒脑的绿茶或黑茶饮料；针对蒙古族人，可以推出砖茶系列；针对受过高等教育的人群，可以强调茶叶的品质和文化内涵；针对城市居民，可以推出方便快捷的袋装茶或即饮茶饮料；针对南方地区，可以推出乌龙茶、铁观音等清热去湿的茶叶；针对北方地区，可以推出红茶、普洱茶等暖胃驱寒的茶叶。通过精准的市场定位和营销策略，茶叶企业可以更好地满足不同消费者的需求，提升市场占有率和品牌影响力。

3.2.1.4 人口分布

人口分布可分为人口地理分布和人口地区间流动。

（1）人口地理分布。人口地理分布是指不同地区人口的密集程度，它受到自然条件、经济环境、生活习惯等多种因素的影响。由于这些因素的差异，不同地理环境的人口在茶叶消费需求方面有着显著的区别。

农村与城市的差异是人口地理分布的一个重要方面。在农村地区，由于交通不便和缺乏现代商业设施，茶叶的消费形式往往比较传统。他们更倾向于选择价格实惠、耐储存的茶叶，如沱茶、砖茶等。这些茶叶通常采用壶煮或大壶泡饮的方式，符合农村的生活习惯和饮茶文化。

城市地区则有所不同。城市居民通常更注重茶叶的品质和口感，对新鲜度和口感的要求也更高。他们更倾向于选择袋装茶或独立小包装的茶叶，这些茶叶通常具有更好的品质和口感，也更方便携带和储存。此外，城市居民也更加注重茶叶的品牌和口碑，对茶叶的安全性和品质有着更高的要求。

除城乡差异外，不同地区之间也存在显著的茶叶消费需求差异。例如，内蒙古、新疆等边远地区由于自然条件恶劣、蔬菜和水果缺乏，居民的食物结构以肉类为主，因此，这些地区的居民更倾向于选择黑茶等具有助消化、解油腻功效的茶叶。这些茶叶有助于帮助他们消化油腻食物，保持身体健康。

在北方地区，由于气候干燥，人们更注重茶叶的清热解渴作用。因此，北方地区的居民更倾向于选择茉莉花茶、绿茶等具有清热去燥功效的茶叶。这些茶叶可以为他们提供足够的水分和养分，帮助他们保持身体健康。

此外，不同地理环境下的茶叶消费需求还受到当地文化和传统的影响。例如，在福建和安徽等产茶大省，茶叶消费已经成为当地文化的重要组成部分。这些地区的居民更注重茶叶的品质和文化内涵，对茶叶的产地、制作工艺和历史文化等方面都有着较高的要求。

人口地理分布对茶叶消费需求的影响是多方面的。为了更好地满足不同地区消费者的需求，茶叶企业应深入了解目标市场的地理环境和消费者特征，制定相应的营销策略和产品定位。针对农村地区，可以推出价格实惠、耐储存的茶叶；针对城市地区，可以强调茶叶的品质和口感；针对边远地区，可以推出具有助消化、解油腻功效的茶叶；针对北方地区，可以推出具有清热去燥功效的茶叶；针对产茶大省，可以强调茶叶的品质和文化内涵。通过精准的市场定位和营销策略，茶叶企业可以更好地满足不同消费者的需求，提升市场占有率和品牌影响力。

（2）人口地区间流动。当前，我国人口流动现象日益显著，主要表现为大量人口从农村流向城镇、从内地流向沿海地区和工业区。这种人口流动现象的背后，是经济和社会发展的必然结果。随着城市化进程的加速和区域经济发展的不平衡，人们为了追求更好的就业机会和更高的生活质量，纷纷向城市和发达地区迁移。

人口流动频繁的地区，人口构成会呈现出多样化的发展态势。不同地区、不同文化背景的人们汇聚在一起，形成了多元化的社会结构。这种人口构成的多样性，对茶产品的需求也呈现出多样化的发展态势。不同口味、品质、功能和价格区间的茶产品，都能够找到适合自己的消费群体。

茶叶作为一种具有深厚文化底蕴和广泛消费基础的饮品，其市场需求受到人口流动和人口构成变化的影响。随着人口流动的增加，不同地区、不同层次的消费者对于茶叶的需求也在不断增长和变化。不仅优质高档的茶产品在市场上具有较大的空间，中档、低档茶叶的市场空间同样不可小觑。对于茶叶企业而言，这是一个充满机遇和挑战的时代。他们需要紧跟市场动态，深入了解消费者的需求和口味变化，不断创新和改进产品品质和服务。同时，茶叶企业也需要加强品牌建设和市场营销，提高消费者对自身品牌的认知度和忠诚度。只有这样，茶叶企业才能满足不同消费者对茶叶的多层次、多样化需求，在激烈的市场竞争中立于不败之地。

人口流动和人口构成的多样化是当前我国社会经济发展的重要特征。这种趋势对茶叶市场产生了深远的影响，为茶叶企业提供了广阔的发展空间。茶叶企业需要把握机遇，创新发展，以适应市场的变化和满足消费者的需求，共创美好未来。

3.2.2　茶叶经济发展环境

经济环境是指与茶叶企业营销活动密切相关的各类经济要素的组合，主要包括经济发展阶段、经济形势、经济体制、政策和社会购买力等。茶叶企业的营销活动受到经济环境的深刻影响，因此，对经济环境的分析和研究至关重要。

在人口规模既定的情况下，市场规模与社会购买力成正比。社会购买力是一个综合性指标，直接或间接地受到多种因素的影响。其中，消费者收入是决定社会购买力的关键因素之一。随着消费者收入的增加，人们的消费能力和购买意愿也会相应提高，从而推动市场规模的扩大。

除了消费者收入，支出也是一个重要的经济因素。消费者的支出结构决定了市场规模的大小。随着人们生活水平的提高，消费结构也在不断升级，对茶叶品质和品牌的要求也越来越高。因此，茶叶企业需要关注消费者的支出结构和消费趋势，以满足消费者需求。

消费者的储蓄习惯也会对市场购买力产生影响。如果消费者倾向于将收入用于储蓄而非消费，那么市场的购买力会受到一定程度的压制。因此，茶叶企业需要了解消费者的储蓄习惯和心理预期，制定相应的营销策略。

消费信贷是影响市场购买力的重要因素之一。消费信贷政策的宽松程度和利率水平会直接影响消费者的购买能力。如果消费信贷政策宽松且利率较低，消费者更容易获得贷款支持，从而提高市场购买力。

总而言之，茶叶企业需要深入了解经济发展阶段、经济形势、经济体制、政策和社会购买力等因素的变化情况，并制定相应的营销策略和产品定位。同时，茶叶企业还需要关注消费者收入、支出、储蓄习惯和消费信贷等方面的变化趋势，以更好地满足市场需求和提升市场竞争力。

3.2.2.1　消费者收入

消费者的收入是决定其购买力和消费支出的重要因素之一。收入水平的高低直接影响到消费者的购买能力和消费选择。在分析消费者收入时，我们需要着重区分“个人可支配收入”和“个人可任意支配收入”两个概念，因为它们对于茶叶企业的营销机会有着不同的影响。

个人可支配收入是指个人在一定时期内所获得的收入减去直接负担的各项

税款和其他具有强制性的负担之后的余额。个人可支配收入是影响消费者购买力和消费支出的决定性因素之一。当个人可支配收入增加时，消费者有更多的自由支配资金用于消费，从而提高了市场的购买力。

个人可任意支配收入是指在个人可支配收入的基础上，再减去维持生活所必需的支出和其他固定支出（如房租、分期付款、保险费、抵押借款等）之后剩下的那部分个人收入。这部分收入主要用于非必需品的消费和储蓄。消费者个人可任意支配的收入越多，他们的购买力就越大，茶叶企业的营销机会也就越多。

对于茶叶企业而言，了解消费者的个人可支配收入和个人可任意支配收入情况是非常重要的。通过市场调查和分析，茶叶企业可以了解目标消费者的收入水平和消费习惯，从而制定更加精准的营销策略和产品定位。例如，针对高收入消费者，茶叶企业可以推出高品质、高档次的茶产品，满足他们对品质和文化的追求；对于中低收入消费者，可以推出性价比高、符合大众口味的茶叶产品，满足他们的日常需求。消费者的收入水平会对茶叶企业的营销活动产生重要影响。茶叶企业需要深入了解消费者的收入情况和个人可支配收入、个人可任意支配收入的变化趋势，并制定相应的营销策略和产品定位。

3.2.2.2 消费者支出

当人们的收入增加时，他们的支出模式也会随之发生变化。这种关系可以用恩格尔系数来表示，恩格尔系数是一个比例，表示居民家庭中食物支出占消费总支出的比重。这一公式是衡量一个国家、地区或家庭生活水平的基本标准。

根据恩格尔系数的大小，联合国制定了一个生活标准的划分：当系数在59% 以上时，表示处于绝对贫困化水平，人们的基本生活需求难以得到满足；系数在 40% ～ 50% 时，表示处于小康水平，人们的基本生活需求得到满足，并有了一定的储蓄能力和消费能力；系数在 30% ～ 40% 时，表示处于富裕水平，人们的生活质量较高，消费需求多元化；系数在 30% 以下时，表示处于最富裕水平，人们的经济实力雄厚，消费水平高。

对于茶叶企业而言，了解目标市场的恩格尔系数非常重要。通过对恩格尔系数进行分析，茶叶企业可以了解消费者的生活水平和消费结构，从而制定更加精准的销售规划和策略。例如，如果目标市场的恩格尔系数较低，说明消费者普遍处于富裕水平，茶叶企业可以针对这些消费者推出高端、高品质的茶叶产品，满足他们对品质和品位的需求；如果目标市场的恩格尔系数较高，说明消费者普遍处于小康水平或小康以下水平，茶叶企业可以推出中档或大众化的茶叶产品，满足他们对日常消费的需求。

此外，茶叶企业还可以根据恩格尔系数的变化趋势来预测市场需求的走势。如果恩格尔系数逐渐降低，说明消费者的生活水平逐渐提高，消费需求逐渐多元化，茶叶企业可以抓住机遇推出更加多元化的产品和服务；如果恩格尔系数逐渐升高，说明消费者的生活水平逐渐下降，消费需求较为单一，茶叶企业需要考虑如何保持市场份额并寻找新的增长点。

3.2.2.3　消费者储蓄

消费者的储蓄行为对茶叶企业的营销活动具有重要的影响。在我国，由于储蓄的传统观念深入人心，大部分家庭都有储蓄的习惯。储蓄形式的多样性也为消费者提供了更多的选择，他们可以选择将一部分收入存入银行、购买债券、股票或基金等。

根据央行发布的数据，我国居民储蓄存款余额在不断增长，这表明消费者有足够的购买力和潜在需求。茶叶企业可以通过研究目标市场的储蓄变化，了解消费者的储蓄动机，从而更好地把握当前市场需求和预测未来市场变化。

首先，茶叶企业可以通过分析目标市场的储蓄率、储蓄额度和储蓄结构，了解消费者的储蓄动机和消费偏好。如果目标市场的储蓄率较高，说明消费者具有较强的储蓄意愿和未满足的消费需求，茶叶企业可以通过推出适合消费者需求的产品和服务来激发市场潜力活力。

其次，茶叶企业还可以通过研究消费者的储蓄习惯和消费行为之间的关系，预测市场变化趋势。如果消费者在储蓄增加的同时，对茶叶的消费需求也在增加，说明市场潜力较大；如果消费者在储蓄减少的同时，对茶叶的消费需求也在减少，说明市场可能面临一定的压力。

最后，茶叶企业可以根据市场变化趋势制定相应的营销策略。如果市场潜力较大，茶叶企业可以加大宣传力度，扩大市场份额；如果市场面临压力，茶叶企业可以通过调整产品定位或寻找新的销售渠道，以保持市场份额。

3.2.2.4 消费者信贷

消费者信贷是一种现代的消费方式，它允许消费者超越当前的购买力，凭借信用或担保提前获得商品的使用权。随着社会经济的发展和消费者观念的转变，消费信贷已成为一种普遍的消费行为。

在我国，消费信贷的范围和种类正在逐步扩大。除传统的住房按揭贷款和购车分期付款外，越来越多的消费品也开始采用分期付款的方式进行销售。这为消费者提供了更多的选择和便利，同时也刺激了市场的消费需求。对于茶叶企业而言，了解目标市场的消费者信贷状况是非常重要的。

首先，消费信贷的存在意味着一部分消费者有足够的购买力和潜在需求，他们可以通过信贷方式购买茶叶产品。茶叶企业可以通过与金融机构合作，为消费者提供分期付款等信贷服务，从而扩大市场份额。

其次，茶叶企业可以根据消费者信贷状况来调整产品定位和营销策略。例如，如果目标市场的消费者信贷需求较大，茶叶企业可以推出适合分期付款的产品和服务，满足消费者的需求。同时，茶叶企业还可以通过提供优惠利率等促销手段来吸引更多的消费者选择信贷方式购买茶叶产品。

最后，茶叶企业需要关注消费者信贷的风险管理。虽然消费信贷能够刺激消费需求，但也存在一定的风险。茶叶企业需要建立完善的风险管理制度，确保消费者的还款能力和信用状况得到有效的评估和控制。

3.2.3 茶叶生产自然环境

自然环境是企业营销活动的基础，它不仅为企业提供了所需的自然资源，同时也直接或间接地影响企业的市场营销活动。自然环境的状况、生态和环境保护等问题，都与企业的发展息息相关。

茶叶企业的经营活动在很大程度上依赖于自然资源的可持续利用。茶叶的生长、采摘、加工等环节都需要自然资源的支持，如水、土壤、气候等。因此，自然环境的变化，如气候变暖、水源污染等，都会对茶叶的品质和产量产生影响，进而影响企业的市场表现。

随着人们环保意识的提高，各国纷纷加强了对自然资源的保护和管理。比如，限制采摘、减少加工过程中对环境的污染，以及保护茶叶种植地的生态平衡等。这些环保措施的实施，不仅提高了茶叶企业的经营成本，也对企业的营销策略提出了新的挑战。

面对这些挑战，茶叶企业需要积极应对，采取可持续发展的策略。首先，企业需要加强对自然环境变化的监测和预警，及时调整经营策略，以适应环境的变化。其次，企业应积极推行生态营销和绿色营销，强调产品的环保和健康价值，提高消费者的环保意识，引导消费者做出更环保的消费选择。最后，企业应加大对环保技术的研发和应用，提高资源利用效率，减少对环境的污染。

3.2.4　茶叶加工技术环境

科学技术是推动社会进步和经济发展的核心动力，这一点毋庸置疑。科技的发展不仅改变了我们的生活方式，也深刻影响了茶叶企业的市场营销活动。科技在茶产业中的应用日益广泛，给茶叶企业带来机遇的同时，也带来了挑战。

在茶叶的生产和加工过程中，许多传统的工艺和流程已经逐渐被现代化的机械取代。例如，机械揉茶机的出现，使得千百年来手工揉茶的传统工艺得以改变，大大提高了生产效率和茶叶品质的稳定性。而茶叶真空包装机的普及，为茶叶的运输和保存提供了更为便利的条件，有效地延长了茶叶的保质期。

科技的发展不仅是一个工具或手段的更新，更是一种思维的转变。茶叶企业必须紧跟科技发展的步伐，密切关注加工技术、环境和知识经济的发展趋势。只有这样，才能在激烈的市场竞争中立于不败之地。

对于茶叶企业而言，利用创新技术研发新产品、开拓新市场是至关重要的。例如，茶叶企业可以利用现代生物技术研发新型茶叶品种，满足消费者多样化的需求；或者利用大数据和人工智能技术对市场进行分析和预测，更加精准地把握消费者的购买意愿。

此外，高新技术的发展也对工业结构产生了深远的影响。工业结构正朝着尖端化、软性化、服务化的方向发展，这意味着对于茶叶企业而言不仅要注重产品质量的提升，还需要考虑如何应用尖端技术、如何强化用户服务意识，以适应知识经济时代的要求。

3.3 茶叶市场营销微观环境

茶叶企业的微观营销环境是一个复杂且多元的生态系统，它包括了企业自身、供应商、营销中介、顾客、竞争者，以及社会公众等众多元素。这些元素相互作用、相互影响，共同构成了茶叶企业营销活动的微观环境。

3.3.1 茶企业自身的各种因素

企业内部环境是企业营销活动的基础，它由企业内部的管理层和职能部门构成，直接影响着企业的运营效率和营销策略的实施。

管理层由决策层、管理层和执行层三个层次构成。决策层是企业的高层领导，负责制定企业的发展战略和营销策略，确保企业的营销活动与总体战略目标相一致。管理层是企业的中层领导，负责制订具体的营销计划和实施方案，协调各部门之间的合作，确保营销活动的顺利进行。执行层是企业的基层员工，负责具体执行营销计划，与顾客沟通和交流，实现企业的营销目标。

职能部门根据企业运营的需要，可以划分为供应、生产、营销、技术、财务、人事等部门。这些部门各自承担着不同的职责，但又相互依存、相互协作，共同支持企业的营销活动。例如，供应部门负责原材料的采购和库存管理，生产部门负责产品的生产和质量控制，营销部门负责市场调研和销售渠道的拓展，技术部门负责产品研发和创新，财务部门负责财务管理和资金运作，人事部门负责人力资源的管理和培训。

茶叶企业要想顺利开展市场营销活动，必须协调好各部门之间的关系。首先，企业需要明确各部门的职责和权限，避免权责交叉或空白。其次，企业需要建立有效的沟通机制和协作流程，确保各部门之间的信息流通顺畅，提高工作效率。最后，企业还需要建立完善的内部管理制度和激励机制，鼓励员工积极参与营销活动，提高员工的工作积极性和创造力。

通过协调好企业内部各部门之间的关系，明确各部门的权责，茶叶企业可以营造一个良好的内部环境，使营销管理工作得到充分支持和顺利实施。这样不仅可以提高企业的运营效率和市场竞争力，还可以更好地满足消费者的需求，实现可持续发展。企业内部环境如图 3-3 所示。

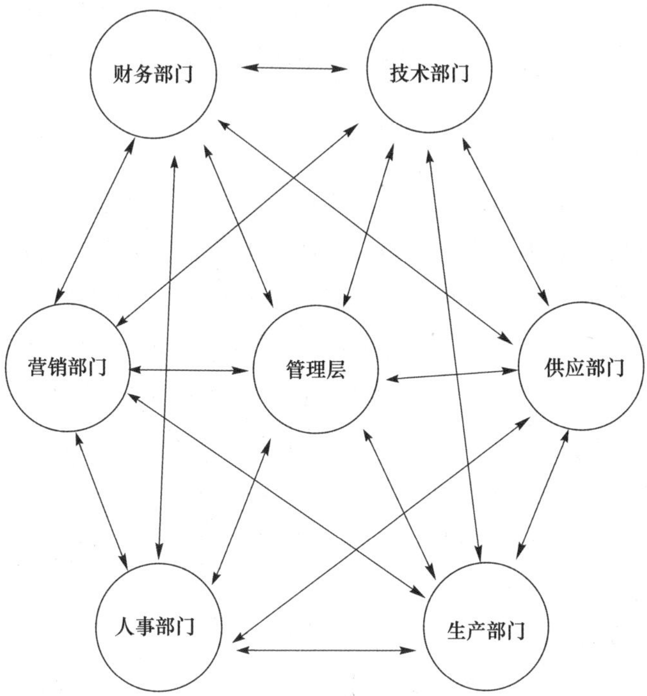

图 3-3　企业内部环境

3.3.2　茶饮料竞争者

在竞争性的市场经济中，茶叶企业在营销活动中要面对各种类型的竞争者，以及错综复杂的竞争关系。例如，本行业的竞争者、替代品生产者、潜在加入者、原料供应商及消费者等。从消费需求的角度来看，竞争者可以分为以下几种类型。

3.3.2.1　欲望竞争者

在消费者的日常需求中，欲望是多维度且复杂的。比如，当我们口渴时，可能想要喝的东西不止一种，可能是茶、碳酸饮料、果汁或矿泉水等。这些不同的产品都试图满足我们解渴的欲望，但它们各自满足了不同的方面。这就是所谓的“欲望竞争者”。

对于非饮品企业来说，这种欲望竞争尤为明显。例如，一家生产零食的企业可能会发现，其产品与满足解渴欲望的饮品形成了竞争。消费者在选择零食和饮品时，可能会考虑哪些产品更能满足自己当前的欲望或需求。因此，了解并正确应对这种欲望竞争是企业在市场中取得优势的关键。

3.3.2.2 平行竞争者或类型竞争者

在市场上，我们会发现许多看似不同但实质上满足相同消费欲望的产品。这些产品，我们称之为“平行竞争者”或“类型竞争者”。它们是满足同一消费欲望的不同产品之间的可替代性的竞争者。例如，当消费者想要购买茶产品时，他们面临的选择不仅是单一的茶品牌或种类，还有多种不同的茶产品形式，如固态茶、液态茶等。这些不同的茶产品形式在满足消费者解渴或享受茶的欲望上是可替代的。再如，普洱茶和绿茶，虽然它们都属于茶类，但在风味和特点上存在明显的差异。然而，对于某些消费者来说，这些差异可能并不影响他们的购买决策。因此，普洱茶和绿茶在市场上也形成了平行竞争的关系。

对于企业而言，这种平行竞争者的存在意味着它们不仅要与直接竞争对手争夺市场份额，还要与其他看似不相关的产品进行竞争。因此，了解和应对这种平行竞争关系是企业在市场中取得优势的关键。

3.3.2.3 产品竞争者

在市场环境中，产品竞争者指的是那些满足消费者同一需求的不同产品形式。以茶为例，乌龙茶、红茶、白茶、普洱茶和绿茶等都属于茶的范畴，但它们各自具有独特的口感、香气和特点，满足了消费者不同的品茶需求。当消费者想要购买茶时，他们面临的选择不仅是单一的茶品种，还有多种不同风味和特点的茶。这些茶产品在满足消费者品茶需求上是可替代的，因此形成了产品竞争者的关系。

对于企业而言，产品竞争者的存在意味着其不仅要与直接竞争对手争夺市场份额，还要与其他看似不相关的产品进行竞争。为了在市场中取得优势，企业需要深入了解消费者的需求和偏好，并不断创新和改进自己的产品，以满足消费者的不同需求。同时，企业还需要关注市场上的竞争对手和他们的产品，了解其优势和劣势，从而更好地制定自己的市场策略。

3.3.2.4　品种竞争者

一个产品往往由多个品种构成，这些品种之间存在着微妙的差异，但都旨在满足消费者的同一需求。这种同一产品下的不同品种之间的竞争，我们称之为“品种竞争”。以乌龙茶为例，它是一个大的产品类别，但在这个类别下，又有许多不同的品种，如铁观音、大红袍、黄金桂、肉桂、水仙等。这些乌龙茶的品种都有自己独特的口感、香气和特点，满足了消费者不同的品茶需求。这种品种竞争在市场上非常普遍。对于消费者来说，他们可以根据自己的口味、需求或偏好，在同一种产品中选择不同的品种。这就使得企业在推出新产品时，不仅要考虑与竞争对手的直接竞争，还要考虑同一产品下不同品种之间的竞争。

对于企业而言，要成功应对这种品种竞争，首先，需要对市场进行深入的研究，了解消费者的需求和偏好。其次，企业需要不断创新和改进自己的产品，以提高产品质量和满足消费者的不同需求。最后，企业还需要密切关注市场上的竞争对手和他们的产品，了解他们的优势和劣势，从而更好地制定自己的市场策略。

3.3.2.5　品牌竞争者

品牌竞争者，是指那些生产相同规格、型号、款式但品牌不同的竞争者。这类竞争者之间所生产的产品在功能、外观等方面都有很高的相似性，因此消费者在选择时往往会基于品牌偏好进行决策。

品牌竞争者之间的竞争尤为激烈，因为消费者在进行选择时，往往基于对品牌的认知和信任来做出决策。因此，品牌忠诚度成为品牌竞争者之间竞争的重要手段。为了赢得消费者的“芳心”，品牌竞争者需要不断地提升品牌形象、提高产品质量、加强售后服务等，以建立和维护消费者对品牌的忠诚度。企业在应对品牌竞争者的挑战时，需要深入研究竞争对手，了解他们的优势和劣势。这样可以帮助企业更好地制定自己的竞争策略，避免与竞争对手进行无谓的价格战等低级竞争。企业需要扬长避短，发挥自己的优势，从消费者需求和欲望出发，提供更有竞争力的产品和服务。

为了在市场竞争中获得战略优势，企业必须注重以下几点：首先，要深入了解消费者的需求和欲望，以便更好地满足其需求；其次，要不断创新和改进产品和服务，以提高产品质量和竞争力；最后，要加强对竞争对手的研究和分析，以便更好地制定自己的竞争策略。

3.3.3 茶叶市场营销渠道

营销渠道在企业的市场营销中起到了至关重要的作用。它是企业与最终消费者之间的桥梁，确保产品能够顺利地从生产者传递到消费者手中。没有有效的营销渠道，企业的产品可能很难获得市场的认可。

（1）业务分销渠道。业务分销渠道主要是指那些协助企业销售产品的商业组织或个人。这些中间商在市场上拥有广泛的网络和资源，能够帮助企业找到目标客户并完成销售。他们可能是批发商、零售商、代理商或经纪人等。对于一些刚刚进入市场的新兴企业，利用中间商可以更快地打开市场。需要注意的是，与中间商的关系管理至关重要，因为他们的销售效率和策略变动可能会对企业的产品流通产生重大影响。为了与中间商保持良好的关系，企业需要与中间商定期沟通，为其提供必要的支持，并确保双方的目标一致。

（2）实体分配渠道。实体分配渠道主要关注产品的物流和配送。这些专业机构负责产品的保管、包装、储存、运输和装卸等环节，确保产品能够及时、安全地送达消费者手中。在当今的市场环境中，物流效率直接影响到企业的竞争力。因此，与高效的物流公司建立合作关系，可以为企业节省成本，提高运营效率。

（3）营销服务渠道。营销服务渠道包括市场调研机构、营销咨询公司、广告公司等，它们为企业提供各种营销服务支持。通过这些机构，企业可以获得市场趋势分析、品牌定位建议、广告创意设计等方面的专业意见。然而，企业在选择这些服务机构时，应确保它们的专业性和与企业文化的契合度，这样才能获得真正有价值的服务。

（4）金融渠道。金融渠道涉及与企业财务和风险控制相关的机构，如银行、信用社、保险公司和证券公司等。企业在运营过程中需要与这些机构进行密切合作，如资金结算、融资贷款、保险购买等。处理好与金融机构的关系，可以为企业提供稳定的资金流和风险保障。同时，对于一些大型企业而言，通过金融渠道还可以进行资本运作，进一步扩大企业的市场份额和影响力。

营销渠道的构建和管理对企业来说是一项复杂的任务。为了在市场竞争中取得优势，企业需要深入了解各种渠道的特点和需求，选择最适合自己的合作伙伴，并与其建立长期稳定的合作关系。同时，随着市场的变化和技术的发展，企业还需不断调整和创新自己的营销渠道策略，以适应不断变化的市场环境。

3.3.4　茶叶消费者

消费者是企业服务的核心对象，也是营销活动的起点和终点。所有的营销活动都应该以满足消费者的需求为中心，这是企业成功的关键。因为只有满足了消费者的需求，企业才能赢得市场和利润。

市场可以根据消费者的购买意图和身份进行划分，包括消费者市场、生产者市场、中间商市场、政府市场、非营利组织市场和国际市场等类型。企业需要深入了解和研究不同市场类型的特点和需求，以便更好地制定营销策略。例如，对于消费者市场，营销人员需要了解消费者的需求和偏好，以及茶叶的消费趋势和流行口味，然后推出符合这些需求的产品和营销活动。对于生产者市场，茶叶企业需要提供高品质的茶叶原料和专业的技术支持，以满足生产商的需求。对于中间商市场，茶叶企业需要与中间商建立良好的合作关系，为其提供有竞争力的价格和优质的售后服务。

此外，随着时间的推移，市场也在不断变化。茶叶企业需要时刻关注市场的变化和趋势，不断调整和创新其营销策略，以保持竞争力和领先地位。同时，茶叶企业也需要不断改进产品和服务，提高品质和满足消费者需求，以赢得更多的市场份额和忠诚的消费者。

3.4　茶企业营销环境分析

市场营销环境是一个不断变化的领域，它受到各种内外部因素的影响。在不同的时期，企业可能会面临不同的市场趋势、竞争对手、消费者需求和技术革新等。这种变化的环境给茶叶企业带来的影响可以分为两个方面：环境威胁和市场机会。环境威胁是指那些可能对企业的营销活动产生不利影响的因素，如新的竞争对手的出现、消费者需求的转变或政策法规的变化等。这些威胁可能会压缩企业的市场份额、降低利润或影响品牌形象。

市场机会是指那些可能为企业带来竞争优势或增长的因素，如新兴市场的出现、技术创新或消费者偏好的变化等。这些机会可以帮助企业拓展市场、提高品牌知名度和增加销售额。

对茶叶企业的营销环境进行分析和评价是至关重要的。这需要深入研究和了解市场趋势、竞争对手和消费者需求等信息。通过收集和分析数据，企业可以更好地识别市场机会和威胁，从而制定相应的营销战略和策略。营销者需要密切关注相关环境的发展变化，利用数据来分析和评价由营销环境变化带来的机会和威胁。这样，企业可以及时采取相应的对策，抓住市场机会，避免环境威胁。

3.4.1 茶叶环境威胁与茶叶市场机会矩阵分析法

3.4.1.1 环境威胁分析

环境威胁是指企业在营销环境中面临的诸多不利因素的总和。企业营销人员需要具备敏锐的洞察力，深入分析营销环境的发展趋势，及时识别出现有的或潜在的环境威胁。对于这些威胁，企业需要客观地评估其可能性和严重性，以便采取有效的应对措施。如果企业无法及时采取果断的营销对策应对环境威胁，那么这些威胁就有可能严重影响企业的市场地位，甚至使企业陷入困境。因此，对于环境威胁的正确认识和评估，是企业应对挑战、抓住市场机会的重要前提。营销者一般将环境威胁对企业的影响程度及其出现的概率相结合进行分析，即采用威胁分析矩阵图来分析、评估营销环境威胁，如图 3-4 所示。

		出现概率	
		高	低
影响	大	1	2
程度	小	3	4

图 3-4 威胁分析矩阵

在图 3-4 的四个象限中，处于第 1 象限的威胁出现的概率高，影响程度大，企业必须特别重视，并密切监视、分析、评估、预测其发展趋势，及早制定应对策略；处于第 2 和第 3 象限的威胁企业也不能忽视，虽然第 2 象限的威胁出现的概率较低、第 3 象限的威胁影响程度较小，但一旦出现两者会给企业带来很大的危害，故企业应准备好相应的对策措施；处于第 4 象限的威胁出现的概率和影响程度均小，企业主要是要注意其发展趋势，观察它是否有向其他象限发展的可能。

3.4.1.2　市场机会分析

市场机会是指企业在营销环境中面临的、有利于市场营销的各种因素的集合。为了开拓市场和提高产品的市场占有率，企业必须时刻关注营销环境的变化，从中寻找和识别出有利的商业机会。对这些市场机会进行适当的分析和评价是至关重要的，它们为企业提供了调整营销策略的依据。同时，企业需要结合自身的资源和能力，将这些市场机会转化为适合自身的商业机会。有效地捕捉和利用市场机会是企业营销成功的关键前提，它们为企业提供了进入市场、扩大份额和提升品牌影响力的机会。因此，对市场机会的敏锐洞察和果断行动，是企业实现持续增长和竞争优势的重要保障。市场机会分析评价主要采用“机会分析矩阵图”，如图 3-5 所示。

		出现概率	
		高	低
潜在	大	1	2
利益	小	3	4

图 3-5　机会分析矩阵

在图 3-5 的四个象限中，处于第 1 象限的机会潜在利益大和出现概率高，是企业须格外重视的；处于第 2 和第 3 象限的机会企业也不能忽视，第 2 象限出现的概率虽低，但其出现后给企业带来的潜在利益是很大的。第 3 象限潜在利益虽小，但其出现的概率很高，企业对这两种情况都应加以注意，适时利用；对于第 4 象限，企业主要是要观察其发展趋势，依据变化情况及时采取措施。

3.4.1.3 综合环境分析

在真实的市场营销环境中，企业的营销环境往往是机会与威胁、利益与风险并存的。企业很少会面临单纯的环境威胁或机会，因为它们往往是相互交织的。因此，在对市场营销环境进行综合分析时，需要利用“综合环境分析矩阵图”这一工具，如图 3-6 所示。

这个矩阵图可以帮助企业清晰地识别和评估营销环境中的机会和威胁，以及相关的利益和风险。通过综合环境分析矩阵图，企业可以更全面地了解营销环境的现状和趋势，从而制定更有效的营销战略和策略，抓住市场机会，应对环境威胁，实现可持续发展。

机会水平 \ 威胁水平	低	高
大	理想环境	风险环境
小	成熟环境	困难环境

图 3-6 综合环境分析矩阵

（1）理想环境。理想环境是指营销环境呈现出高机会和低威胁的状态，即企业面临的利益大于风险，对企业非常有利。在这样的理想环境中，企业应该高度重视并抓住这个难得的机会，充分利用这个机遇来实现其营销目标。同时，企业还应该采取积极的措施来维护和优化这种理想的环境态势，以确保其持续的利益和竞争优势。通过抓住理想环境中的机遇，企业可以进一步拓展市场、提高品牌知名度和增加销售额，从而实现可持续发展。

（2）风险环境。在风险环境中，营销环境呈现出高机会和高威胁的状态，即企业面临的利益与风险并存，环境态势较为复杂。在这样的情况下，企业需要保持谨慎，因为高机会可能伴随高风险。企业需要对环境进行深入的分析和评估，制定周密的营销战略和应对策略，以便在抓住机会的同时有效应对潜在的风险。此外，企业还需要建立风险预警机制，及时发现和应对环境变化带来的挑战，以保持稳定的发展态势。因此，在风险环境中，企业需要灵活应对，谨慎行事，以实现可持续发展。

（3）成熟环境。在成熟环境中，营销环境态势相对平稳，机会和威胁都较低，对企业而言是一个相对稳定的状态。在这种环境中，企业应在注重维持现有市场地位和经营状况的同时，不满足于现状，积极开拓新的产品市场。此外，企业还应该加强与供应商、分销商和其他合作伙伴的合作关系，以共同应对市场的挑战和机遇。总之，在成熟环境中，企业需要保持稳定的发展态势，同时也不失时机地不断探索和创新，以实现持续的发展和增长。

（4）困难环境。在困难环境中，营销环境呈现出低机会和高风险的状态，风险大于利益，企业的处境已经变得非常困难。在这样的环境中，企业必须采取积极的措施来扭转局面。企业需要深入分析市场环境，找出问题的根源，并采取有效的措施来解决这些问题。如果企业无法在短期内扭转局面，必须果断考虑退出该市场，以免遭受更大的损失。企业应该将资源和精力集中在更有利可图的市场中，或者寻找新的商业机会。通过及时退出困难市场，企业可以减少损失并保护自身的核心资源，为未来的发展奠定基础。

3.4.1.4　企业营销对策

第一，威胁对策。面对营销环境威胁，茶叶企业应积极采取以下对策。

（1）防患于未然。在茶叶企业的发展历程中，很少有能够一帆风顺的企业。面对复杂多变的市场环境和竞争态势，企业往往会遭遇各种不利因素。当这些不利因素还处于萌芽状态，或者其影响尚未显现时，企业就应该开始警惕并关注其变化趋势。这样，企业才能够及时采取有效的措施，将这些潜在的威胁扼杀在萌芽阶段，从而避免更大的损失和风险。通过密切关注市场环境的变化，茶叶企业可以提前预见和应对潜在的威胁，制定相应的策略和措施，确保企业的稳定发展和持续增长。

（2）面对挑战，主动出击。当茶叶企业面临威胁时，不应坐视不理，而应积极主动地调动各种资源与关系，采取有效的对抗策略。通过抵抗、抑制来扭转不利的局面，以达到降低风险、化解困境、保持稳定发展态势的目的。这样的应对方式有助于茶叶企业在竞争激烈的市场中立足，不断扩大市场份额，实现持续的增长和繁荣。

（3）缓和策略。当企业面临的威胁过大，以至于难以凭借现有资源进行抵抗时，采取缓和策略是必要的。在这种情况下，企业需要及时调整营销策略，以尽可能减轻威胁对企业的影响。为了缓和状况，企业可以采取多种措施，如加强内部管理、开发新产品、提高效益等。这些措施有助于降低企业的风险，减少潜在的损失，并为企业创造更好的发展条件。通过灵活应对和积极调整，企业能够更好地应对市场变化和竞争挑战，实现稳健的运营和发展。

（4）转移策略。在面临无法通过缓和策略减轻的威胁时，企业需要采取更具策略性的方法来规避风险，转移策略是一个有效的选择。转移策略包括两种主要方法：市场转移和投资转移。①市场转移是指将受到威胁的产品转移到风险较小或几乎没有风险的市场中。这可能涉及调整产品的定位、目标市场或营销策略，以适应新的市场环境。通过市场转移，企业可以避免在风险较大的市场中遭受损失，并寻找更安全的市场机会。②投资转移是指将受到威胁的产品投资转移到其他未受威胁且有市场机会的产品开发中。这意味着企业需要重新配置资源，将重点放在更有前景的产品或业务上。通过投资转移，企业可以分散风险，避免过度依赖单一产品或市场，同时寻求新的增长点。

采取转移策略需要企业具备灵活性和前瞻性。在评估市场和投资机会时，企业需要充分了解市场趋势、竞争状况和客户需求，以便做出明智的决策。同时，企业还需要具备快速响应和适应变化的能力，以便迅速调整战略，抓住新的机会。

第二，机会对策。面对营销机会，企业不应盲目乐观，必须谨慎评价，审慎利用。

（1）及时利用。当市场环境的变化为企业带来了营销机会，并且这些机会与企业自身的营销目标、资源条件相契合时，企业应该及时采取措施，调整营销战略，以充分利用这些机会并获得竞争优势。在竞争激烈的市场环境中，能够敏锐地捕捉并利用机会的企业往往能够获得差别利益。因此，企业需要保持高度的市场敏感度，时刻关注市场变化，并具备快速响应的能力。通过灵活调整营销战略，企业可以更好地适应市场变化，抓住市场机会，实现可持续发展。同时，企业还需要不断地优化资源配置，提高自身的核心竞争力，以应对市场的挑战和竞争压力。只有这样，企业才能够真正地把握机会，实现营销目标，并在竞争中立于不败之地。

（2）适时利用。当企业面临的环境机会相对稳定，但当前并不具备利用这些机会的条件时，明智的做法是进行积极的筹备工作，待时机成熟时再充分利用这些机会。在这个过程中，企业需要深入分析市场环境，了解自身与机会之间的差距，并制订相应的计划和措施来弥补这些差距。通过积极的筹备工作，企业可以提高自身的实力和资源储备，增强核心竞争力，为将来的发展奠定坚实的基础。同时，企业还需要保持高度的警惕性，时刻关注市场变化和机会的发展趋势，以便及时调整战略和行动计划。只有在充分准备的基础上，企业才能够抓住机会并实现可持续发展。

（3）创造利用。有些市场机会隐藏在不易察觉之处，需要营销管理者具备敏锐的洞察力，通过深入分析环境因素之间的微妙联系来预测和挖掘。这需要管理者具备一种战略家的胆识和前瞻性的眼光，能够洞察市场的潜在需求和趋势，从而发现并利用机会。

消费者的需求具有可引导性和可唤醒性。这意味着市场中存在大量潜在机会，需要营销者去深入挖掘和创造。通过创新性的思维和前瞻性的行动，营销者可以将潜在机会转化为现实机会，将未来的机会变为近期的机会，甚至将他人的机会转化为自己的机会。

要想做到这一点，营销者需要在市场环境的分析中实现创造性和前瞻性的统一，需要发挥创新思维，勇于尝试新的方法和策略，同时保持对市场的敏感度和对未来趋势的预见性。只有这样，才能抓住市场机会，引领市场潮流，实现企业的可持续发展。

3.4.2　SWOT 分析法

市场营销环境分析，是指对环境因素进行调查和预测，在充分掌握环境信息的基础上，对茶叶企业所面临的环境条件做出评价，然后再制定相应的营销对策。常用的营销环境分析方法为 SWOT 法，它是优势（Strength）、劣势（Weakness）、机会（Opportunity）、威胁（Threat）的缩写。SWOT 分析法，全称为态势分析法，是一种在现代商业战略和运营中广泛应用的方法。通过系统地分析和评估企业自身的优势和劣势，以及外部环境的机会和威胁，企业可以更全面地了解自身的竞争地位和市场状况。

首先，优势和劣势是分析的重点，它们主要关注的是企业内部的资源和能力。优势是指企业在产品、技术、品牌、渠道等方面的独特优势，是企业能够超越竞争对手、获得市场份额的关键因素。劣势则是指企业在某些方面存在的不足，可能限制企业的市场拓展和盈利能力。识别优势和劣势，有助于企业明确自身的核心竞争力，制定有效的竞争策略。

其次，机会和威胁是从外部环境的角度出发进行分析的。机会是指外部环境中对企业有利的因素，如市场增长、政策扶持、科技进步等，它们能够为企业带来新的发展机遇。威胁则是外部环境对企业不利的因素，如市场竞争加剧、政策调整、经济衰退等，它们可能会对企业造成损失或限制企业的发展。识别机会和威胁，有助于企业及时把握市场变化和趋势，制定适应市场环境的策略。

通过 SWOT 分析法进行分析，企业可以更加明确地了解自身的状况，找到潜在的优势和机会，发现潜在的劣势和威胁。这不仅为企业制定战略提供了重要依据，还有助于企业更好地优化资源配置，制定更具针对性的营销策略和业务计划。同时，SWOT 分析法还可以帮助企业评估市场风险，预测未来市场变化，从而提前做好应对措施。

SWOT 分析法是一种非常重要的战略分析工具，可以帮助企业全面了解自身状况和市场环境，明确竞争优势和不足之处，识别外部机遇和威胁，为企业制定战略提供决策依据。通过 SWOT 分析法的应用，企业可以更好地应对市场变化和竞争挑战，实现可持续发展。

【本章小结】

在本章中，我们详细探讨了茶叶市场营销环境的以下几点内容。

第一，我们介绍了茶叶市场营销环境的概念，它指的是影响茶叶企业营销活动的一系列外部因素。

第二，我们深入分析了茶叶市场营销环境的主要特征，包括客观性、差异性、动态性和相关性。

第三，分析了茶叶市场营销宏观环境。宏观环境是指那些对茶叶企业营销活动产生广泛影响的外部因素。我们探讨了茶叶人口消费环境、经济发展环境、茶叶生产自然环境和加工技术环境等方面。这些因素不仅影响着茶叶市场的需求，还制约着茶叶企业的发展。

第四，分析了茶叶市场营销的微观环境。微观环境是指与茶叶企业直接相关的各种因素，包括企业自身的各种因素、竞争者、市场营销渠道和消费者等。这些因素直接影响着茶叶企业的营销活动和绩效。

第五，分析了两种常用的茶叶市场营销环境分析方法：茶叶环境威胁与茶叶市场机会矩阵分析法和 SWOT 分析法。通过这些分析工具，茶叶企业可以更加清晰地认识其面临的市场环境和竞争态势，为制定有效的营销策略提供依据。

综上所述，本章对茶叶市场营销环境进行了全面的探讨。通过深入分析市场营销环境的概念、特征、宏观环境和微观环境的影响因素，以及实用的环境分析方法，为茶叶企业在市场竞争中制定有效的营销策略提供了重要的理论支持和实践指导。

第4章　茶叶市场营销战略规划

4.1　茶叶市场营销战略规划概述

市场营销的实质是不断应对环境变化的过程。随着市场竞争的加剧和消费者需求的多样化，茶叶企业需要不断地调整和优化市场营销战略，以适应市场的变化和满足消费者的需求。现代营销理论认为，制定并实施市场营销战略是茶叶企业市场营销管理中的重要内容。茶叶企业的市场营销战略是指企业在市场分析的基础上，根据自身的资源和能力，制订出的针对目标市场的营销计划和策略。这种战略需要考虑到市场的竞争状况、消费者的需求和行为、产品的定位和差异化等方面。通过制定并实施市场营销战略，茶叶企业可以更好地适应市场的变化，提高自身的竞争力和市场份额。

当前，我国茶叶企业面临着国际国内、产业内外的多重竞争和日趋复杂的营销环境。为了更好地开展茶叶产销对接，推动茶区经济的发展，提高茶叶企业的生存能力和竞争力，探究制定并实施相应的市场营销战略显得既必要又重要。茶叶企业需要结合自身的实际情况，制定出符合市场需求的营销战略，并采取有效的措施加以实施。

在制定市场营销战略的过程中，茶叶企业需要考虑多方面的因素。

首先，需要对市场进行深入的分析和研究，了解目标市场的需求和消费者的行为特征。

其次，需要分析竞争对手的营销策略和优劣势，制定出差异化的营销策略。

最后，还需要考虑到自身的资源和能力，制定出符合企业实际情况的营销策略。

在实施市场营销战略的过程中，茶叶企业需要采取多种有效的措施。

首先，需要加强相关产品的品质和差异化，提高产品的附加值和市场竞争力。

其次，需要加强品牌建设和宣传推广，提高品牌的知名度和美誉度。

最后，还需要加强销售渠道的建设和管理，提高销售效率和客户满意度。

4.1.1　战略规划的含义

“战略”一词原为军事用语，指“指导战争全局的计划和策略”。英文中的“战略”（strategy）源于希腊文，意为“将军的艺术”，后来被广泛用于政治、经济等领域的管理活动中。

早在 1938 年，美国管理学家切斯特·巴纳德在其代表作《经理人员的职能》一书中，开始引进战略的思想内容，运用战略思想分析企业诸因素及其相互影响。20 世纪 60 年代中期，企业战略作为新的理论开始出现。到 20 世纪 70 年代，特别是进入 20 世纪 80 年代，面对复杂多变的环境以及愈演愈烈的市场竞争，企业战略受到企业的广泛关注和应用。

市场营销战略是指企业市场营销部门根据公司与业务单位战略规划，确定目标市场，选择相应的市场营销策略组合，并辅以有效实施和控制的过程。市场营销战略作为一种重要战略，其主旨是提高企业营销资源的利用效率，使企业资源的利用效率最大化。由于营销在企业经营中的突出战略地位，使其连同产品战略组合在一起，被称为企业的基本经营战略，对保障企业总体战略实施起着关键作用。

茶叶市场营销战略规划是茶叶企业在市场分析的基础上，为达到其营销目标，对茶叶市场营销的各个方面进行全面、长远的规划和安排。它是一个系统性的过程，包括确定企业的营销目标、分析市场环境、识别市场机会和威胁、制定营销策略和行动计划等。为了应对经济全球化以及科技飞速发展带来的复杂多变的营销环境、激烈竞争的市场，茶叶企业只有在市场营销理论的指导下，规划并实施发展战略，才能实现可持续发展。

4.1.2 茶叶市场营销战略规划的作用

美国未来学学者托夫勒曾指出，没有战略的企业就像在恶劣气候中飞行的飞机，始终在气流中颠簸，在暴风雨中沉浮，最后很可能迷失方向。对于我国现阶段的茶叶企业及茶叶产业管理部门来说，这句话同样适用。

我国现阶段的茶叶企业及茶叶产业管理部门正处于由传统型向现代化转型的阶段，面临着来自内部和外部的多重挑战。许多企业规模不大，地位也不稳定，需要不断地适应市场变化，运用市场经济规律，提升自身的竞争力和生存能力。在这个过程中，制定并实施发展战略显得尤为重要。

4.1.2.1 推动茶叶企业或茶叶产业跨越式发展

茶叶市场营销战略规划能够推动茶叶企业或茶叶产业跨越式发展，主要基于以下几点内容。

（1）市场定位与差异化。明确的市场定位是茶叶企业成功的关键。通过战略规划，企业能够清晰地界定目标客户群体，了解他们的需求、偏好和消费行为。在此基础上，企业可以制定差异化的产品策略、定价策略、渠道策略等，以满足目标市场的独特需求，从而在竞争激烈的市场中脱颖而出。

（2）资源整合与优化。茶叶企业通常拥有丰富的资源，如茶叶种植园、生产设备、茶文化等。战略规划有助于企业识别并整合这些资源，发挥其最大价值。通过资源整合，企业可以优化生产流程、降低成本、提高产品质量，同时为消费者提供更具竞争力的产品。

（3）品牌建设与推广。在现代市场营销中，品牌的价值不容忽视。战略规划为企业提供了品牌建设的方向，如品牌形象、品牌故事、品牌传播等。通过持续的品牌推广和营销活动，企业可以提高品牌的知名度和美誉度，增强消费者的忠诚度，从而获得更大的市场份额。

（4）渠道拓展与创新。茶叶销售渠道的多样化是市场拓展的关键。战略规划引导企业探索新的销售渠道，如线上电商平台、实体体验店、合作伙伴关系等。同时，企业可以通过创新销售模式，如定制化服务、会员制度等，增强与消费者的互动和提高消费者黏性。

（5）持续创新与研发。创新是茶叶企业持续发展的动力。战略规划为企业提供了创新的方向和机会，如新产品开发、生产工艺改进、茶叶深加工等。通过持续的研发和创新投入，企业可以不断推出满足消费者需求的新产品，同时提升自身的技术水平和行业地位。

（6）合作与联盟。在茶叶市场竞争日益激烈的背景下，合作与联盟成为企业快速发展的有效途径。战略规划可以帮助企业识别潜在的合作伙伴，建立互利共赢的合作关系。通过合作与联盟，企业可以实现资源共享、优势互补，从而降低风险，加速业务拓展和市场渗透。

（7）风险管理与应对。茶叶市场面临着各种风险和挑战，如天气变化、价格波动、竞争对手的行动等。战略规划为企业提供了风险管理的框架和方法。企业通过建立风险预警机制、制定应急预案等措施，能够有效地应对市场风险与挑战，保持稳定的发展态势。

4.1.2.2　有利于增强竞争能力和应变能力

在当今的市场环境中，茶叶企业或茶业组织面临着前所未有的挑战和机遇。市场竞争日趋激烈，消费者需求多样化，技术变革快速，国际国内环境复杂多变，为了在这样的环境中生存和发展，茶叶企业或茶业组织必须制定出能够适应市场变化和满足竞争需求的战略。

首先，茶叶企业战略是一个全面而长期的计划，它不仅着眼于企业的当前利益，更关注企业的长远发展。这一战略是在深入调查和分析企业内外部环境的基础上制定的。通过分析市场趋势、竞争对手的动态、客户需求、技术发展等因素，企业能够明确自身的优势和不足，从而制定出具有针对性的战略目标和发展路径。

其次，茶叶企业战略的核心是市场营销活动和管理。在竞争激烈的市场中，思考如何吸引和留住客户、如何提高品牌知名度和美誉度、如何优化产品结构和质量等问题是至关重要的。战略规划通过指导企业在这些方面的行动，使企业能够在市场中获得更大的竞争优势。

最后，茶叶企业战略是应对各种冲击、压力、威胁、挑战和困难的行动方案。在动态的市场环境中，企业难免会遇到各种困难和挑战，如市场需求波动、竞争对手的恶意攻击、政策变化等。一个有效的战略能够帮助企业提前预测和应对这些风险，增强企业的应变能力和抗风险能力。

通过制定和实施茶叶企业战略，企业能够更加积极主动地应对市场的变化，避免或减少各种风险带来的损失。同时，一个成功的战略还能增强企业的竞争能力和创新能力，使企业在激烈的市场竞争中立于不败之地。

4.1.2.3 增强组织的影响力和凝聚力

在当今的企业和组织发展中，人力资源是其核心资源。组织内部的员工和利益相关者是企业或组织发展的根本动力。因此，充分发挥和激励员工的积极性和创造性，是组织取得成功的关键。

当茶叶企业或茶业管理部门制定的发展战略能够为全体成员和利益相关者描绘出一个美好而可行的前景，并成为他们共同认可的目标时，发展战略就不仅仅是一个简单的目标设定，而且是一种精神的凝聚和动力的激发。这样的战略能够激发员工和利益相关者的内在潜力，使他们更加积极主动地投身于实现战略目标的过程中。

在这样的情境下，员工们会看到自己在企业或组织中的价值和意义，是实现共同目标的伙伴，而不仅仅是一个执行任务的工具。因此，他们会更愿意为组织的发展贡献自己的智慧和力量，克服各种困难和挑战，赢得竞争。

与此同时，这样的战略还能增强组织的影响力和凝聚力。员工和利益相关者会更加认同企业或组织的价值观和文化，从而形成一个更加紧密、团结的集体。在这样的集体中，员工们更容易发挥自己的优势，相互协作，共同实现目标。

4.2 市场营销计划

4.2.1 茶叶市场营销计划的概念和作用

4.2.1.1 茶叶市场营销计划的概念

茶叶企业市场营销管理的核心工作是制订一份全面而细致的营销计划。这份计划是对茶叶市场营销活动的整体规划和布局，它不仅涉及市场分析、目标设定、产品策略、定价策略、销售渠道、促销活动等方面，还涵盖了品牌建设、市场调研、竞争分析、营销预算等各个环节。茶叶企业需要通过制订市场营销计划来明确企业的市场定位和营销战略，并根据市场需求和竞争态势来制定具体的营销策略和行动方案。

在制订茶叶市场营销计划时，企业需要进行深入的市场分析，了解茶叶市场的总体趋势和竞争格局，分析目标客户的需求和购买行为，掌握竞争对手的优劣势和市场占有率等信息。同时，企业还需要根据自身的资源和能力，评估自身的优势和不足，明确企业的核心竞争力，从而制定出符合自身实际情况的营销目标和战略。

在确定营销目标和战略后，企业还需要制定具体的营销策略和行动方案，包括产品策略、定价策略、销售渠道策略、促销策略等。企业需要根据目标客户的需求和购买行为来设计符合市场需求的产品，并根据产品的成本和竞争情况来制定合理的价格。同时，企业需要选择合适的销售渠道和促销方式，以扩大市场份额和提高品牌知名度。

茶叶市场营销计划的实施需要企业各个部门的协同配合。市场营销部门需要与其他部门如生产部门、采购部门、财务部门等密切配合，以确保计划的顺利实施。同时，企业还需要建立完善的营销监控和评估机制，及时调整和优化营销计划，以确保实现营销目标。

茶叶市场营销计划大致包括以下五个方面。

（1）总体计划。它是整个茶叶企业的总体计划，是对主要的营销目标和措施作出的概括性说明，它涉及的都是具有全局性和带有比较深远意义的问题。它的内容是关于整个企业的任务、发展策略、短期目标等。

（2）局部计划。局部计划与茶叶企业计划大致相同，不过它的范围要小一些，主要阐明茶叶企业在一个地区或一个部门的任务、目标、发展和获利能力等。局部计划内容上包括销售、财务、生产、人事等各项具体政策和目标。

（3）产品计划。产品计划主要具体策划制定某一特定茶叶产品或产品组合的目标、策略及政策。

（4）品牌计划。品牌计划主要具体策划制定茶叶企业品牌建设的目标、策略及政策。

（5）市场开发计划。市场开发计划指茶叶企业开发某一特定市场或为某一特定市场服务的计划。

上述这些计划，一般由各级茶叶市场营销部门负责草拟编制。但有时也可以由上一级部门综合于一个总体计划中，如产品计划及品牌计划，往往可以综合在一起，表现在一个品类计划或产品计划中。

4.2.1.2 茶叶市场营销计划的作用

茶叶市场营销计划是对茶叶市场营销活动的具体描述，它规定了茶叶企业各种经营活动的任务、策略、政策、目标、具体指标和措施，避免营销活动的混乱或盲目性。归纳起来，茶叶市场营销计划的作用主要表现在以下几个方面。

（1）营销计划详细说明了预期的经济效果，这样，企业和有关部门可以预计市场营销活动的发展状况，既可减少经营的盲目性，又可使企业有一明确的发展目标，以便在整个计划执行期内根据预期的目标，不断调整行动方案，采取相应措施，力争达到预期目标。

（2）营销计划确定了实现计划活动所需的资源，从而使茶叶企业可事先测知这些资源的需要量，并据以判断企业所要承担的成本费用，有利于进一步精打细算，节约费用开支。

（3）营销计划描述了将要进行和采取的任务和行动，这样，茶叶企业可以明确规定各相关人员的职责，使他们有目标、有步骤地去争取完成或超额完成委派给自己的任务。

（4）由于营销计划有助于监测各种市场营销活动的行动和效果，能使茶叶企业有效控制本身的各种营销活动，协调各部门、各环节的关系，从而更顺利地完成茶叶企业的各项任务和目标，使茶叶企业进一步得到巩固和发展。

4.2.2 茶叶市场营销计划的内容

茶叶市场营销计划根据计划的部门和范围不同可分为各种不同方面的计划，但作为整体来看，营销计划具有大致相同的基本内容。当然在上述市场营销计划中，与企业日常营销活动相关最大、占用工作量最多、项目更详尽、更具典型性的市场营销计划，要数茶叶产品营销计划。故下面就以此计划为例，说明市场营销计划的一般内容。具体来说，茶叶产品营销计划包括计划概要、市场现状、机会与风险、营销目标、市场营销策略、行动方案、预算及控制八方面内容。

4.2.2.1　计划概要

计划书一开始，便应对本计划的主要目标及执行方法和措施，作一扼要的概述。“计划概要”部分的主要目的是让茶叶企业高层主管很快掌握了解计划的核心内容，并据以调查和初步评核计划的优劣。为了便于审核者进一步阅读评核计划所需的资料，通常在计划概要部分之后，紧接着便列出计划内容（图 4-1）目录。

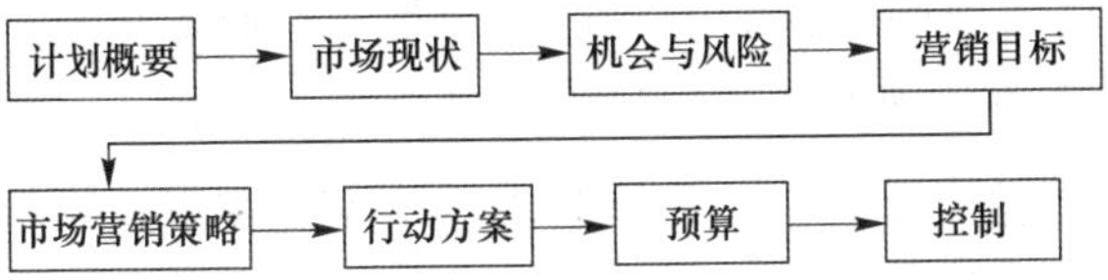

图 4-1　茶叶市场营销计划的内容

4.2.2.2　市场现状

市场现状是茶叶企业正式计划中不可或缺的重要部分，它是对当前茶叶市场营销情况的综合分析和评估。这一部分的主要内容不仅涉及茶叶市场的整体规模和趋势，还要深入剖析目标市场的特点以及茶叶企业在这一市场中的位置和地位。

首先，对茶叶市场容量的分析是关键。市场容量的大小直接影响到企业的市场份额和潜在增长空间。对这一部分的分析需要基于对市场总需求的了解，同时考虑到人口、经济、社会和文化等多方面因素的综合影响。

其次，目标市场的细分也是一项重要的工作。通过市场细分，企业可以更准确地定位自己的目标客户群体，从而制定更具针对性的营销策略。对消费者需求的深入挖掘是市场细分的基础，这需要细致的消费者调查和市场研究。

再次，对现有环境因素的分析也是不可或缺的。这包括对政策法规、技术发展、社会文化等方面变化的分析，这些因素都可能对茶叶市场营销产生深远的影响。

最后，对茶叶产品在市场中的竞争情况进行分析也是至关重要的。这涉及对竞争对手的分析，包括其产品、价格、渠道、促销策略等。通过了解竞争对手的优势和劣势，企业可以更好地制定自己的竞争策略。

流通渠道和销售网点的分析也是市场现状中不可忽视的一部分。了解现有的流通渠道和销售网络，可以帮助企业更好地布局销售渠道，提高销售效率。

4.2.2.3 机会与风险（SWOT）

了解了茶叶市场的基本情况之后，还需要分析茶叶企业营销面临的机会（opportunity）、威胁（threat）、优势（strength）、劣势（weakness）（简称SWOT）。必须把对风险与机会的分析与对茶叶企业优势与劣势的分析结合起来进行，这样才能使这项分析真正给企业带来盈利的机会，避免可能遇到的风险。一个市场机会能否成为企业的营销机会，关键在于这个机会是否与企业在目标和资源方面的优势相匹配，如果在这方面是茶叶企业的强项，那么应当充分发掘和利用这个市场机会。因此，在计划中要对市场机会和风险进行科学、详细的预测、分析和判断。

4.2.2.4 营销目标

确定茶叶企业的营销目标是茶叶市场营销计划的核心内容。茶叶企业首先要确定每一个战略目标的财务报酬目标，包括投资报酬率、利润率、利润额等指标，并把财务目标转化为具体的营销目标，具体的营销目标为销售收入、销售增长率、销售量、市场份额、品牌知名度、分销范围等。并根据预期目标与实际目标之间的差异，分析原因，提出解决问题的办法和方案。

4.2.2.5 市场营销策略

所谓市场营销策略，就是指茶叶企业为达到营销目标所运用的逻辑方式或推理方法。茶叶市场营销策略包括目标市场、市场营销因素组合、市场营销费用开支水平等具体策略。

（1）目标市场。市场营销策略应详细而清楚地说明茶叶企业突出重视的细分市场。这些不同的细分市场对茶叶的消费者爱好、提供的盈利机会、对市场营销工作的反应是互不相同的。因此，企业必须敏锐地觉察到这些区别，从竞争的角度出发，将自己的财力、物力集中投入那些最有利的细分市场中，即应为每个目标市场制定相应的市场营销策略。

（2）市场营销因素组合。在计划书中，市场营销管理人员还应概括性地提出有关市场营销因素组合的各种具体策略，如茶叶新产品策略、价格策略、分配路线策略及其他促进销售策略等，并根据前述对茶叶产品的威胁和机会的分析，说明采取上述各种不同策略的原因和理由。

（3）市场营销费用开支水平。计划中需要详细说明为执行各种市场营销策略所必需的市场营销费用预算，并确定恰当的费用水平。

4.2.2.6　行动方案

营销策略确定之后，要真正发挥效用还必须将它们转化为具体的行动方案。这些行动方案主要围绕以下四个方面的问题来制订：①要完成什么任务？②什么时候完成？③由谁负责执行？④完成这些任务需花多少费用？整个行动计划可以按照时间顺序列表加以说明，使整套促销活动落到实处，还要制订可实际操作的具体计划和行动方案。

4.2.2.7　预算

当营销目标、策略及行动方案拟订之后，茶叶企业还应制定一个保证该方案实施的预算，这种预算实际上就是一份预计损益表。收入方列出预计销售产品的数量和平均价格，支出方则列出生产费用、储运费用及其他市场营销费用，收入与支出的顺差便是预期利润。茶叶企业的高层主管负责预算的审查，予以批准和修改。预算一经批准，便成为开展原料采购、生产安排、人员计划和市场营销业务活动的依据。

4.2.2.8　控制

营销计划的最后一部分为控制，它用来监督检查整个计划进度。为了便于监督检查，一般市场营销的目标和预算草案，都是分月或分季制定的。这样高层主管就可以审查每一时期企业各部门的成果，并指出哪些部门没有达到预算目标，并要求相应部门做出解释，提出改进措施，从而使组成市场营销整体计划的各部门工作受到有效的控制，以保证整体计划的有效执行。

【本章小结】

在本章中，我们对茶叶市场营销战略规划进行了全面的探讨。首先，介绍了战略规划的基本概念，以及它在茶叶市场营销中的重要作用。战略规划不仅为茶叶企业提供了明确的发展方向，还为其在竞争激烈的市场中赢得了优势。其次，深入讨论了茶叶市场营销计划的制订。一个成功的市场营销计划不仅需要全面分析市场现状，还需要明确企业的目标市场、定位和竞争优势。此外，有效的计划还需要考虑产品策略、价格策略、渠道策略和促销策略等关键要素。

第 5 章　茶叶市场购买分析

5.1　影响消费者购买行为的主要因素

5.1.1　文化因素

文化的概念有广义和狭义之分。广义的文化是指人类在社会发展过程中创造的物质财富和精神财富的总和；狭义的文化则指社会的意识形态，主要包括语言、文字、价值观念、宗教信仰、风俗习惯、教育方式和社会组织等。“文化”虽看不见、摸不着，但人们能够感觉到它的存在，而且随处可见，它对人们的影响时刻都在发生。人类的任何行为背后都有深刻的文化烙印。当然，作为茶叶消费者的购买行为也不例外。

文化有明显的地域性。首先，不同国家或地区都有自己特有的文化，在源远流长的发展过程中，都有其深刻的历史背景，这正是不同国家和地区人民生活和行为方式存在明显差异的原因。如何满足不同茶叶消费者的需求，则是茶叶企业的首要任务。其次，在每一种文化中还存在着亚文化群。就茶叶在国内、国际市场来说，大体上可以归纳为三种类型。

（1）民族亚文化。中国拥有 56 个民族，各民族在特定的环境条件下形成了各自的语言、风俗、习惯、口味和爱好。

（2）宗教亚文化。由于宗教文化不同，世界各国及地区存在着各自的文化偏好和禁忌，这些都会影响购买行为与消费方式。例如，我国东北、华北地区的人们偏好红色的茶叶包装，认为红色很吉利；欧洲人则喜爱淡雅的色彩；信仰伊斯兰教的国家则更喜欢绿色包装。

（3）地域亚文化。即使同一民族，因居住地区和各方面的环境背景不同，导致形成不同的亚文化群。如城市与农村、沿海与内地、山区与平原等不同地区，人们往往也会有不同的生活方式。从口味和爱好来说，欧洲人爱喝红茶，摩洛哥、阿尔及利亚人则世世代代饮用中国绿茶。

应当指出，文化也是相互借鉴和不断发展的。无论哪个国家，外来文化的引进和消化是一国文化发展的动力之一。文化的变迁既意味着消费行为模式的可变性，也意味着创造了新的市场机遇。因此，市场营销应该重视文化及其发展变迁的影响。

5.1.2 社会因素

社会因素指社会上各种事物，包括社会制度、社会群体、社会交往、道德规范、国家法律、社会舆论、风俗习惯等。它们的存在强有力地影响着人们态度的形成和改变。这里我们将主要从文化、社会阶层及相关群体三个方面对社会因素展开论述。

5.1.2.1 文化

文化是人类创造的所有物质文明和精神文明的总和，主要包括教育程度、生活方式及共同遵守的信仰、价值观、风俗习惯等。社会文化不同，人们的审美观、价值观等就存在差异，进而影响其消费行为。在国际茶叶贸易中，营销者首先要了解目标国家的社会文化，才有利于交易的顺利进行。譬如，在印度及许多欧美国家，红茶在他们的茶产品消费中占主导地位且茶叶包装应避开黑色，而日本则应避开黄色。

5.1.2.2 社会阶层

社会阶层是社会学的概念。社会学对社会阶层的意义是：由于政治、社会等多种因素形成的，在社会的层次结构中处于不同地位的社会群体的总称。同一社会阶层的人在生活方式、消费方式和价值观等方面具有相似性。一般而言，处于不同社会阶层中的人无论是价值观还是生活方式都存在很大差异。就以买茶这一消费行为来讲，处于社会底层的消费者多选购价格较低的低档茶，而处于社会中上层的消费者多购买优质的高档茶。因此，在茶叶营销过程中，要根据目标社会阶层的购买行为，结合自身优势推出最恰当的营销策略。

5.1.2.3　相关群体

相关群体是指在形成一个人的理想、态度、信仰及生活方式等方面，给其带来重要影响的群体，并能够直接或间接影响消费者购买行为的群体。根据影响力的大小可分为三类：一是主要群体，如家庭成员等对消费行为具有直接和主要的影响；二是次要群体，如各级茶叶协会等社会团体和业余组织，对消费行为起间接影响；三是期望群体，如名人、明星等偶像人物，对消费者也有很大的影响。相关群体对消费者购买行为的影响，主要表现出示范性、效仿性和一致性。因此，在茶叶营销过程中，营销人员应高度重视相关群体对消费者消费行为的影响，了解与产品目标市场关系紧密、传递功能最强的相关群体，以促进产品推销及扩大销售。

5.1.3　个人因素

消费者行为除受心理因素影响外，还受个人因素的影响，包括消费者个人的年龄和所处人生阶段、个人资源状况、职业、生活方式、个性特征及自我概念等。

5.1.3.1　年龄和所处人生阶段

年龄及所处人生阶段不同，消费者对产品和服务的选择存在较大差异。譬如，一个人处于中老年或已婚阶段，会对健康颇为关注，更多地倾向于纯茶产品或茶保健品；青少年或单身阶段，则会较多关注时尚与潮流元素，将目光投向茶饮料、茶食品等快捷产品。

5.1.3.2　个人资源状况

个人资源通常包括经济收入和时间。消费者只有拥有足够的可支配收入，才会考虑购买比较高档的产品或服务；而是否拥有足够的时间去收集和整理产品信息，决定了消费者的购买频次和选择。茶叶是一种非必需消费品，营销者更要关注如何将信息和服务主动提供给消费者，减少信息收集的时间，提高产品或服务的选中率。

5.1.3.3 职业

职业会影响消费者对产品和服务的选择，如蓝领工人多喜欢量大价廉的大包装或散装茶；而白领则对产品品质、包装要求较高。一个茶叶企业可以根据自己的市场定位对产品进行设计、生产、包装和宣传。

5.1.3.4 生活方式

生活方式是指一个人在生活中表现出来的活动、兴趣和看法的模式。生活方式勾勒了一个人在社会上的行为及相互影响的全部形式，它受社会文化、社会阶层及职业背景的影响。生活方式对消费者的购买行为产生影响。茶叶营销者应设法从多种角度区分不同生活方式的群体，明确针对某一生活方式群体设计产品与广告。

5.1.3.5 个性特征及自我概念

个性是一个人的行为中表现出的实质的、经常的、稳定的、带有一定倾向性的心理特征，是影响消费者购买行为的一个重要因素。不同个性的消费者在购买过程中有着不同的表现。个体的自我概念是指个体对自我的评价，表现为多种类型，没有严格的划分标准。自我概念也会影响消费者的购买行为与购买决策，因为人总是追求与自我概念相符的产品或服务。茶叶营销者应该设法使自己的产品、品牌、代言人形象与目标消费群体的自我概念相符。

5.1.4 心理因素

5.1.4.1 需求与动机

消费者需求是指消费者在一定的社会经济条件下，为了满足物质和文化的需要而对物质产品和服务的具有货币支付能力和购买能力的总和。消费者的一种需求可以有多种满足方式，可能会产生多种行为动机；一种行为动机也可能由多种需求产生。因此，营销者应确切了解消费者某一行为源自何种需求。可以运用心理学家提出的关于需求和动机的基本理论加以分析。这里着重介绍在消费者行为研究中应用较为广泛的亚伯拉罕·马斯洛的需求层次理论，该理论于 1943 年提出。

马斯洛认为，一个人同时存在多种需求，但在某一特定时期每种需求的重要性并不相同。人们首先追求满足需求结构中的主导需求，当主导需求被满足后其就会失去对人的激励作用，人们就会转而关注下一个相对重要的需求。一般而言，人类的需求是由低层次向高层次发展的。需求层次理论可以帮助企业营销者了解什么样的产品和服务才最能满足消费者的当前需求。

5.1.4.2　感觉与知觉

消费者的感觉与知觉是消费者认知构成的两个阶段。认知构成是人由表及里、由现象到本质，反映客观事物的特性与联系的过程。

1. 感觉

感觉是指人脑借助于视觉、味觉和触觉等感觉器官，对直接作用于感觉器官的外界事物的个别属性的直接反映。企业营销人员应当通过调查确定一些重要的感觉评价标准，了解消费者对各种茶产品的感觉，设计相应的市场营销组合策略。

2. 知觉

知觉是指人脑对直接作用于感觉器官的外界事物的整体反映，是对感觉进行整合的过程。由于不同消费者对同一外界刺激或情境所形成的知觉有所差异，知觉呈现出注意、理解及记忆的选择性。注意的选择性，指在外界诸多刺激中人们倾向于注意那些与其当时需要有关的、与众不同或反复出现的刺激物，而对其他刺激会加以忽略。理解的选择性，指消费者在接受刺激的同时，会掺杂个人的情感、偏好来解释，同时还会受到一些外界因素的影响。记忆的选择性，指人们倾向于保留那些与其态度和信念相符的信息。

5.1.4.3　学习

学习是指由后天经验引起的个人知识结构和行为的改变。在日常生活中，消费者对茶产品的消费行为所依赖的环境，包括市场的各种变量，诸如茶产品的质量、价格及广告宣传等可能不断地变化着。为了适应变化着的环境，消费者需要通过学习不断获取信息并做出有效反应。另外，学习对消费者行为还具有强化作用，该强化作用分为正强化和负强化。正强化是指某种行为受到奖励或取得好的成果时，这种行为会被鼓励再次实施；而通过消除和减弱厌恶刺激来增加该行为的发生频率，则是所谓的负强化。因此，茶叶企业为了扩大销售、留住顾客，就应该提供可以提升消费者满意度的产品和服务，并作必要的提示。

5.1.4.4 态度

态度是指人们对客观事物以肯定或否定的方式评价的一种心理倾向。消费者可以通过学习形成对某一事物的态度，态度反过来又会影响人们的行为。此外，态度具有稳定性，一旦形成就很难改变。消费者对茶及相关产品的所有态度将形成一个体系，要改变其中任何一个，势必要考虑改变其他相应的态度。因此，营销者的工作重点在于了解消费者对自己的产品、品牌及企业的态度，以及如何帮助消费者对自己所提供的产品树立积极的态度；同时在确立营销策略时，应尽量使本企业的产品去适应消费者已有的态度。

5.2 消费者购买决策过程

5.2.1 消费者购买决策的参与者

在茶叶市场，消费者购买决策的参与者通常包括决策者、影响者、实际购买者、使用者、信息提供者等。

5.2.1.1 决策者

（1）主导购买决策：决策者在购买过程中起着核心和主导的作用，他们决定需要哪种茶叶、预算是多少以及从哪里购买等关键问题。

（2）角色多样性：决策者可能是家庭中的某个人，如家长或户主，也可能是个人在购买茶叶时的主导者，如经常购买茶叶的人。

（3）考虑因素：除了价格和品质，决策者还会考虑茶叶的口感、品牌、包装以及购买渠道的便利性和信誉度。

5.2.1.2　影响者

（1）提供建议和信息：影响者通过提供茶叶的产品信息、评价和建议，对决策者的购买决策产生重要影响。

（2）来源多样化：这些影响者可能包括家人、朋友、同事或茶叶专家等。他们的意见往往能够左右决策者的选择。

（3）影响力：在某些情况下，影响者甚至可以促使决策者改变初衷或尝试新的产品。了解影响者的意见和态度对于企业制定营销策略非常关键。

5.2.1.3　实际购买者

（1）执行购买行为：实际购买者是最终负责完成购买过程的人。他们可能是决策者本人，也可能是由决策者委托的其他人。

（2）性别和年龄差异：实际购买者可能因为性别、年龄或其他个人因素在购买行为上有所不同。

（3）便利性和个人偏好：他们关注购买的便利性，如店面的位置、营业时间以及支付方式的便利性等。同时，他们也可能有自己的品牌偏好。

5.2.1.4　使用者

（1）最终消费对象：使用者是最终消费茶叶产品的人。对于不同的茶叶产品，如绿茶、红茶、乌龙茶等，使用者可能是同一人，也可能是不同的人。

（2）偏好和习惯：了解使用者对茶叶的偏好和饮用习惯（如口味、温度、冲泡方式等）对于企业至关重要，因为这将直接影响产品的设计、开发和市场定位。

（3）市场细分：通过了解使用者的特征和需求，企业可以对市场进行细分，并针对不同细分市场制定相应的营销策略。

5.2.1.5　信息提供者

（1）提供产品信息：信息提供者是那些向消费者提供有关茶叶产品信息和评价的人。这包括茶叶销售人员、茶叶网站、社交媒体上的茶叶爱好者等。

（2）建立信任关系：与信息提供者的交流可以帮助消费者做出更明智的购买决策，同时也有助于消费者建立对产品或品牌的信任关系。

（3）口碑传播：在茶叶市场中，口碑传播是非常重要的信息来源之一。消费者通常更倾向于相信其他茶友或专家的评价和建议。因此，与信息提供者建立良好的合作关系对于企业的市场推广和品牌建设具有重要意义。

在制定营销策略时，企业需要针对不同的参与者采取不同的策略。例如，针对影响者和使用者，企业可以通过广告、口碑营销等方式提高产品的知名度和吸引力；针对实际购买者和使用者，可以提供个性化的服务和产品推荐；针对信息提供者，可以通过合作伙伴关系来提升产品的可信度和可靠性。

5.2.2 消费者购买行为类型

分析消费者购买行为类型，需要充分考虑消费者的心理、情感、价值观和外部环境等多方面因素。

5.2.2.1 习惯型

这类消费者对某些产品或品牌有着长期的信任和较高的忠诚度，他们倾向于重复购买相同的产品或品牌，很少愿意冒险尝试新的品牌或产品。这种购买行为类型通常与消费者的个人偏好、过去的经验以及品牌忠诚度有关。对于这类消费者，企业可以通过提供持续的质量保证、稳定的供应和良好的售后服务来维护其忠诚度。

5.2.2.2 理智型

这类消费者在购买决策中会进行较为全面的分析和比较，他们会仔细研究不同产品或品牌的特点、性能、价格等方面的因素，并权衡利弊。理智型的消费者倾向于选择最适合自己需求和预算的产品，他们注重产品的性价比和实用性。对于这类消费者，企业可以通过提供详细的产品信息、对比不同产品的特点和性能以及强调产品的性价比来吸引其购买。

5.2.2.3 经济型

这类消费者在购买决策中非常关注价格，对价格较为敏感。他们往往会选择价格较为实惠的产品，而不是追求品牌或品质。经济型的消费者通常在预算有限的情况下做出购买决策，因此价格是决定购买的重要因素。对于这类消费者，企业可以通过促销、折扣和低价策略来吸引其购买。

5.2.2.4　冲动型

这类消费者容易受到外界刺激或个人情绪的影响，可能会做出冲动的购买决策。他们不太考虑产品的实际需求，而是受到广告、促销、包装等因素的吸引而产生购买欲望。冲动型的消费者通常具有较大的情感成分，容易被新颖、独特的产品所吸引。对于这类消费者，企业可以通过设计引人注目的包装、使用醒目的广告语和促销活动来激发其购买欲望。

5.2.2.5　情感型

这类消费者在购买决策中容易受到情感因素的影响，可能会因为对某个品牌或产品有情感共鸣而购买。他们可能更注重产品的情感价值和文化内涵，而不是产品的实际功能和性能。情感型的消费者通常对品牌形象和品牌故事有较高的要求，他们希望与自己偏爱的品牌建立情感联系。对于这类消费者，企业可以通过塑造独特的品牌形象、强调品牌故事和文化内涵来吸引其购买。

5.2.2.6　疑虑型

这类消费者在购买决策中较为谨慎，会反复权衡和比较不同产品或品牌的优缺点。他们可能会因为对产品的性能、质量等方面的过度疑虑而放弃购买。疑虑型的消费者通常需要更多的信息、证明和保证来增强其对产品的信任。对于这类消费者，企业可以通过提供详细的产品说明、展示权威机构认证和用户口碑等来增强其购买信心。

不同的消费者购买行为类型对企业制定营销策略有重要意义。企业需要深入了解目标消费者的购买行为类型，并根据其特点制定相应的营销策略，以满足消费者的需求和期望，提高销售业绩和市场占有率。同时，企业也需要不断关注市场变化和消费者消费趋势，不断优化和创新营销策略，以保持与消费者的紧密联系。

茶叶作为世界性的普遍饮料，随着科学技术的发展，茶以及茶的有效成分（提取物）不仅具有多方面的医药保健功能，而且还具有很多特殊功效。茶的应用已逐渐扩展或渗透到许多领域，茶已日益成为某种边缘商品，向跨国、跨行业方向发展，因此，影响茶叶消费者购买行为的因素也就越来越复杂。

消费者的消费行为和购买行为，常常受到消费群体的直接或间接影响。工作群体是社会群体的重要形式，工作群体的同事之间在商品信息和购买行为等方面都有相互影响。在亲友之间寻求与保持亲情友谊的过程中，交换着生活与消费信息。非正式组织群体成员中也往往产生效仿行为。市场营销人员可利用工作群体和亲友群体特点，推销他们需要的茶叶产品。此外，通过名人形象促销，也是行之有效的营销方式。

社会阶层是一个社会因生活方式、价值观念和行为态度不同而进行的等级划分。在西方各国常用职业、收入、文化程度、财产等因素划分。由于社会阶层不同，他们在商品、商店的选择与购买行为上都有很大的差异。同时，获得信息的方式、方法，也因职业、收入、文化程度等差异而有所区别。作为茶叶市场营销人员，应根据这些特点采取相应的营销策略。

5.2.3 消费者的购买决策过程

受多方面因素影响，购买决策过程的复杂程度不同，消费者决策过程既有共性又有个性，一般遵循五个阶段模式，即需求认知、信息收集、信息评估与决策、购买实施及购后行为。

5.2.3.1 需求认知

需求认知就是消费者认识到自己需要什么。消费者对需求的认知是消费行为的开始。消费者的消费需求需要刺激而被唤起，唤起的需求可以强化为消费需求，也可能减弱消失。根据需求认知的性质，可将其划分为主动型与被动型需求。主动型需求即消费者自身认识到需求的存在，并转化为消费需求；被动型需求即消费者尚未意识到需求的存在，需别人提示才意识到，并感到其重要性，进而形成消费意愿。

根据消费者需求认知类型，茶叶营销者可采取对应的营销策略。面对主动型需求，销售者只需向消费者说明产品的优越性并使其信服；面对被动型需求，则需要营销者付出较多努力，营销者应注意不失时机地采取适当措施，让消费者意识到需求的迫切性、重要性，唤起和强化消费者的需要。

5.2.3.2 信息收集

消费者明确消费需求后开始收集分析相关信息。一般情况下，信息来源可分为内部信息和外部信息。

内部信息是指储存于消费者大脑中的信息，主要指记忆来源，这是消费者最直接、最有效、最信赖的信息来源。需要注意的是，内部信息最终来源于外部。

外部信息根据来源可以分为以下三个方面：一是个人来源，如家庭成员、朋友、邻居、同事等提供的信息；二是商业来源，如从茶叶广告、茶产品说明书、茶叶展销会等渠道获得的信息；三是公共来源，如茶叶协会、消费者组织、政府机构和大众传媒等传播的信息。

综上，茶叶营销者可以通过多种渠道传播产品或服务的信息，以加强信息的影响力，尽可能地将信息以更快捷、更主动的方式提供给消费者，并在消费者面前树立正面、积极的良好形象。

5.2.3.3　信息评估与决策

通过信息收集，消费者将所获信息加以整理，按一定的评价标准进行比较、评估和筛选，从而确定最佳购买方案。

消费者在进行产品评价的过程中一般会通过一定的评价规则，如按所关注属性的重要程度，或综合考虑产品各属性，对备选方案展开筛选。例如，消费者欲选购一款铁观音产品，收集了 A，B，C...H 共 8 家铁观音销售商的信息，要求价格在1500元以下，A，B，D 三家销售商被淘汰；要求包装设计 9 分以上（按主观评价打分），C，F，H 商家被剔除；要求观音韵在 8 分以上，E 商家被淘汰，最终只有 G 商家入选。

值得注意的是，消费者除了以评价规则进行产品筛选外，通常还会关注产品的“顾客让渡价值”。顾客让渡价值是指消费者选购的产品所带来的总利益与所付出的总代价之差。其中，总的利益是指包括产品价值、服务价值、品牌价值以及欣赏价值的一组利益，总代价包括货币成本、时间成本、体力成本和心理成本。

在信息基本透明的情况下，消费者一般会以顾客让渡价值的大小作为购买决策的主要依据，其关系见表 5-1。

表 5-1　顾客让渡价值与购买决策的关系

顾客让渡价值	消费者选择指数
>0	★★★（首选）
=0	★★☆（候选）
<0	☆☆☆（放弃）

5.2.3.4 购买实施

消费者对商品信息进行评价并做出决策，然而从购买决定到发生购买行为之间，还会受到两方面因素的影响。

第一，他人的态度。他人的态度对消费者购买决定起到强化或减弱作用。肯定态度可加快购买行为的实施；否定态度则弱化购买意愿。他人的否定态度越强烈，他人与消费者关系越密切或者是在相关方面越权威，对其是否购买的影响力就越大。

第二，意外因素。消费者购买意愿是在某些预期条件得以满足的情况下形成的，如预期质量、预期价格、预期服务、预期收入等，倘若某一或某些预期条件没有实现，消费者购买意向就可能改变。例如，实际的茶叶质量低于预期、茶叶价格偏高、茶叶销售人员态度较差等都可能导致消费者改变购买决定。

5.2.3.5 购后行为

消费者购买茶叶的购后行为主要包括对产品饮用、处置及购后评价。通常表现为消费者进行产品预期和实际感知的比较，并对本次消费行为进行评价，而购后评价将直接影响到下一次的购买。消费者购后行为模式见图 5-1。

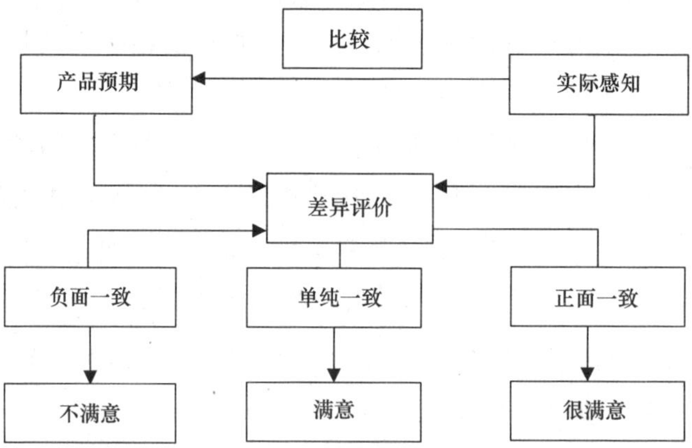

图 5-1 消费者购后行为模式

从营销角度来讲，顾客满意度是消费者将产品可感知效果与自己的期望值相比较后，所形成的愉悦或失望的心理感受状态，顾客满意程度很大程度上取决于购前期望得以实现的程度。当产品预期与实际感知一致时，消费者对本次购物满意；正面一致，很满意；负面一致，不满意。就消费者而言，如果不知所购茶叶的冲泡、品饮方法，使实际感知不如产品预期，便产生了不满与抱怨；如果消费者知晓，则顾客满意度大概率会提高。

茶叶营销活动若能赢得顾客满意，不仅是一次营销活动的成功，更是企业战胜对手获取成功的最好手段，因此企业要努力提高顾客满意度。主要措施有三：一是了解顾客个性化需求，及时向顾客提供优质的茶叶产品和良好的服务；二是向顾客提供各种需要的附加利益，进一步加深顾客的好感；三是建立企业与顾客之间双向的、畅通的、有效的信息交流通道，使顾客随时能得到企业的帮助。

【本章小结】

本章对茶叶市场购买行为进行了全面分析。

第一，讨论了影响消费者购买行为的主要因素，包括文化因素、社会因素、个人因素和心理因素。这些因素相互作用，共同影响消费者的购买决策。详细介绍了消费者购买决策的参与者，包括决策者、影响者、实际购买者、使用者和信息提供者。

第二，本章还探讨了消费者购买行为类型，包括习惯型、理智型、经济型、冲动型、情感型、疑虑型等。概述了消费者的购买决策过程，包括需求认知、信息收集、信息评估与决策、购买实施和购后行为等阶段。

了解消费者购买行为和决策过程对于茶叶市场营销至关重要。企业应深入研究消费者需求、动机和偏好，制定有针对性的营销策略，提高品牌知名度和美誉度，以吸引更多消费者并促进销售。同时，关注市场变化和消费者消费趋势，不断优化产品和服务，以满足不断变化的市场需求。

第 6 章　茶叶市场定位

6.1　茶叶市场定位

茶叶企业选择和确定了目标市场及目标市场策略后，就进入了目标市场营销的第三个步骤——市场定位。市场定位是目标市场营销 STP 重要的组成部分。它关系到茶叶企业及其产品在激烈市场竞争中，占领消费者心理、树立企业及其产品形象、实现企业市场营销战略目标等一系列至关重要的问题。

6.1.1　茶叶市场定位的概念、步骤及意义

6.1.1.1　茶叶市场定位的概念

现代市场营销理论认为，市场定位是指针对消费者对企业 / 品牌 / 产品属性的重视程度，确定企业相对于竞争者在消费者心目中的位置，并通过一定的信息传播途径，在消费者心目中树立企业与众不同的市场形象的过程。因此，市场定位的重要依据：一是消费者的需求特征，二是主要竞争者的市场定位，三是茶叶企业能够和应该为消费者做些什么。

从企业角度来看，根据定位对象的不同，市场定位可分为以下 3 类。

（1）企业定位。企业定位即确立企业整体形象在顾客心目中的位置。或者说，与竞争者比较，确立消费者认可并满意的独特而良好的企业形象。

（2）品牌定位。品牌定位即根据消费者的需要，为某一具体品牌建立特色和个性，使之与竞争者品牌区分开来。

（3）产品定位。产品定位即根据消费者所关注的产品属性，为区分竞争者产品，而为某一具体产品创造特色。

由上述定义可以看出，市场定位的实质是建立并突出企业 / 品牌 / 产品的特色或个性，使企业 / 品牌 / 产品与竞争者严格区分开来，让消费者明显感觉和认识到这种差别，并在其心目中占有特殊的位置，最终给消费者留下良好的印象，从而取得目标市场的竞争优势。市场定位，关键的不是对产品本身做些什么，而是在消费者心目中留下什么。

还需注意的是，究竟进行上述哪种市场定位，关键在于茶叶企业的公司标志（简称司标）或商号、品牌、产品三者如何运作的。有的茶叶企业可能三位一体，如四川峨眉山竹叶青茶业有限公司的“竹叶青”既是茶品种，又是其商标和公司名称。这种情况下，市场定位可以在企业定位和品牌定位中做选择；有的茶叶企业是司标 / 商号、品牌二位一体，产品独立运作，该茶叶企业的市场定位可分别选择品牌定位和产品定位；如果司标 / 商号、品牌、产品三者各自独立，此时市场定位可以分三者进行。

6.1.1.2　茶叶市场定位的步骤

茶叶企业进行市场定位的主要任务，就是从茶叶产品消费者立场出发，去寻找没有被竞争者抢占的特色，通过集中本企业的若干竞争优势，满足目标顾客对本企业 / 品牌 / 产品的特定需求，将自己与其他竞争者区别开来，树立自己独特鲜明的形象。市场定位是茶叶企业从茶叶产品消费者立场出发，明确其潜在的竞争优势，选择相对的竞争优势和市场定位策略，准确地传播企业市场定位以及认真地兑现和执行市场定位的过程。具体步骤如下。

（1）明确潜在的竞争优势。明确茶叶企业潜在的竞争优势，就是通过市场调研，寻找没有被竞争者抢占或是竞争者所没有做到的，而且又是茶叶消费者所重视的或未满足的、有价值的企业 / 品牌 / 产品特色。

首先，分析环境与顾客需求，明确消费者对茶叶企业 / 品牌 / 产品在意什么，他们希望产品展现价值的地方是什么。

其次，了解竞争者的定位状况，即企业的竞争对手已经占有了哪些有价值的“特色”，对其成本及经营情况做出评估。这一过程中，茶叶企业应努力搞清楚茶叶消费者最关心的问题，尤其要确认目标市场顾客的潜在竞争优势是什么，以作为市场定位决策的依据。茶叶企业市场定位能否成功的关键，在于茶叶企业能否比竞争者更加了解顾客及其需求，并对顾客需求（包括企业本身、品牌、茶叶产品、价格、渠道、促销等）有更深刻和独到的认识。

最后，分析本茶叶企业能够并应该为此"独到之处"做什么，同样必须从成本和经营两方面进行分析和评价。茶叶企业通过与竞争者在茶叶产品、促销、成本、服务、技术、自然资源、品牌等方面对比分析，了解本茶叶企业的长处和不足，从而明确本茶叶企业的竞争优势。

（2）选择相对竞争优势和市场定位策略。相对竞争优势，既可以是企业能够胜过竞争者的特色 / 优势，也可以是没有被竞争者抢占的；有的是现有的，有的是具备发展潜力的，还有的是可以通过努力创造的。

简而言之，相对竞争优势是企业能够比竞争者做得更好的地方。茶叶企业可以根据自己的资源配置，通过营销方案差异化突出自己的经营特色，使消费者感觉自己从中得到了价值最大的产品及服务。具体可按照以下原则选择茶叶企业适当的竞争优势。

①重要性：该差异能向相当数量的顾客让渡较高价值。

②显著性：该差异是竞争对手没有的或本企业有明显优势。

③优越性：该差异明显优于通过其他途径或方式而使顾客获得相同的利益。

④沟通性：该差异可以沟通，也可让顾客看见。

⑤专有性：该差异竞争对手难以模仿。

⑥经济性：该差异目标顾客有能力购买。

⑦营利性：该差异能够使本企业获得利润。

（3）准确地传播市场定位。这一步骤的主要任务是茶叶企业要精心设计传播市场定位的措施和各种途径，通过一系列的宣传沟通活动，使其独特的市场竞争优势准确传播给消费者，并在消费者心目中留下深刻印象。为此，首先，茶叶企业应使目标消费者了解、知道、熟悉、认同、喜欢和偏爱茶叶企业的市场定位，要在消费者心目中建立与该定位相一致的形象。其次，企业通过一切努力，保持对目标消费者的了解，稳定目标消费者的态度和加深目标消费者的感情，来巩固企业市场形象。最后，企业应注意目标消费者对其市场定位理解出现的偏差或由于企业市场定位因宣传失误而造成目标消费者的模糊、混乱和误会，及时纠正与市场定位不一致的市场形象。

（4）认真地兑现和执行市场定位。在通过一系列宣传沟通活动传播市场定位的同时，茶叶企业必须严格地兑现和执行市场定位。即根据市场定位设计和实施市场营销组合策略，以在顾客心目中确立鲜明的特色形象，这是茶叶企业能否成功地通过市场定位赢得竞争的重要环节。茶叶企业能否成功地在茶叶消费者心目中建立良好而鲜明的形象和个性，形成竞争优势，不仅仅是一种愿望和意识，更需要切实的行动，这最终要通过具体的市场营销组合策略的设计和实施来实现。

需要注意的是，市场定位通常不是一蹴而就的，需要花费较长的时间。茶叶企业一旦确立了适当的市场定位，就必须通过一致的表现和持续的沟通来精心维护，并努力地使茶叶消费者能准确地理解、接受和认同。同时，市场定位也不是一成不变的。随着市场环境的变化，茶叶企业可能面临重新定位或调整定位的问题，茶叶企业还必须关注营销环境的变化，以适时地改变或调整市场定位。为避免使茶叶消费者感到混乱，这种改变和调整应该循序渐进地进行。

6.1.1.3　茶叶企业市场定位的意义

市场定位在茶叶市场营销实践中具有极其重要的作用。在茶叶产品产业链的任一环节上，同类茶叶企业之间，如茶树种苗场、茶叶生态观光园、茶鲜叶、毛茶、即饮式茶饮料、茶叶深加工产品、茶馆等之间竞争日益激烈，顾客对相应的茶叶产品的需求也存在一定差异，有着各自的价值取向和认同标准；尤其是在茶叶产品有替代品的市场上，如饮料市场上，不仅存在茶叶企业之间的激烈竞争，还存在着茶叶企业与国内外众多非茶叶饮料企业之间的激烈竞争。因此，茶叶企业为了赢得竞争、赢得消费者，就必须进行认真且科学的市场定位。通过市场定位赋予本茶叶企业、品牌、产品个性，树立本企业、品牌、产品的独特形象，向消费者传播本茶叶企业、品牌、产品与众不同的信息，使本企业、品牌、产品差异性清楚地凸现于消费者面前，以独到之处赢得竞争。由于市场定位是针对消费者对茶叶企业、品牌、产品不同属性的重视程度，这样就能适应细分市场的特定要求；又因为与消费者实现了有效的信息沟通，强有力地塑造了企业、品牌、产品的独特市场形象，所以使得本茶叶企业与市场竞争对手区分开来，从而有效增强了本茶叶企业的市场竞争力。

市场定位可以避免茶叶企业之间的恶性竞争，有利于促进茶叶企业良性发展。市场定位是制定市场营销组合策略的基础，茶叶企业市场营销组合策略要受到企业市场定位的制约。

6.1.2 茶叶市场定位策略

茶叶企业具体的市场定位可以由相应的策略来实现，可供茶叶企业选择的市场定位策略有以下数种。具体采用何种市场定位策略，通过权衡本企业及竞争对手的实力，并比较本企业与竞争对手进入市场的先后，再选择相应的市场定位策略。

6.1.2.1 率先进入者定位

率先进入者指首次将某个茶叶产品导入市场的茶叶企业。这时市场定位相对简单，只要该茶叶企业能找到消费者认为最有价值的特色并将之据为己有，不断宣传即可。具体的率先进入者定位策略可以不拘一格，常见的有以下几种。

（1）档次定位，即依据产品或品牌在消费者心中的价值高低区分档次。

（2）独特卖点定位，依据消费者所需的其他品牌、产品无法提供的独一无二的利益定位（功能、质量、成分、颜色、风格、外形、价格、服务、人员、渠道、品牌形象、历史典故等）。

（3）使用者定位，即利用产品、品牌的身份象征性定位。

（4）情境定位，即依据消费者消费场所或时间定位，如“下午茶”。

6.1.2.2 跟进者定位

跟进者即在率先进入者之后将某个产品导入市场的企业。跟进者定位也可采用上述率先进入者定位策略，但这样做比率先进入者定位要难得多，因为最有价值的特色已经被强大的竞争者抢占。跟进者使用的策略有三类，即与率先者保持一致、与他“唱反调”、找出新的有价值的“空白点”。

（1）迎头定位策略。迎头定位策略是指茶叶企业根据自身的实力，为进入较佳的市场位置，不惜与已率先进入市场的竞争对手发生正面竞争，选择靠近现有竞争者或与现有竞争者重合的市场位置，争夺同样的消费者，彼此在产品、价格、分销及促销等各个方面差别不大。如果率先进入者是个较弱的企业，而它的定位又非常有价值，且消费者还没有完全接受它的定位，这对于强大的跟进者来说是个非常好的机会，它可以与弱势的率先进入者保持相同的定位，并最终抢占这个最有价值的定位。迎头定位要求企业必须比率先进入者实力强或与竞争对手有不相上下的竞争实力，否则可能引发激烈的市场竞争，因此具有较大的风险。

（2）避强定位策略。避强定位策略又称为创新式定位，是指企业避免与目标市场上现有的竞争者直接对抗，将其位置定在市场“空白点”，开发并销售目前市场上还没有的产品，开拓新的市场领域。其做法有两种。

①进入一个与其他企业均有一定距离的市场位置。

②要避开最强大的竞争对手，而与其他企业处于大致相同的市场位置。

避强定位策略的优点：能够迅速地在市场上站稳脚跟，并在消费者心中尽快树立起一定的企业形象，市场风险小，成功率较高。由于这种定位策略市场风险较小，成功率较高，常常为多数企业所采用。避强意味着企业必须放弃某个最佳的市场位置，很可能使企业处于最差的市场位置或面临着创新风险。因此，选择这种定位策略，茶叶企业必须明确所需的产品在技术上、经济上十分可行，以及有足够的顾客偏好这种茶叶产品。

（3）集团定位。将自己描述为与最具竞争力的产品或品牌相同的第一流产品或品牌，同属于“第一”集团。如信阳毛尖在其产品介绍中将“全国十大历史名茶”作为自己的宣传内容。

6.1.3　茶叶市场定位方法

6.1.3.1　品质定位法

品质定位法是茶叶市场定位的核心方法之一。茶叶的品质是消费者最关注的问题，因此品质定位能够有效地吸引目标消费者，提高品牌知名度和忠诚度。

首先，品质定位需要关注茶叶的色、香、味、形等方面。对于不同种类的茶叶，消费者对其品质的要求也有所不同。例如，绿茶追求“绿叶黄汤”，红茶要求茶汤色泽红润，乌龙茶则要求茶汤色泽橙黄。因此，在品质定位中，需要针对不同种类的茶叶制定相应的品质标准，并强调其优良品质。

其次，品质定位需要强调茶叶的产地、品种、采摘时间、制作工艺等方面的优势。茶叶的产地和品种是影响其品质的重要因素。例如，西湖龙井茶、黄山毛峰茶等名茶因其产地和品种的优势而备受追捧。此外，采摘时间和制作工艺也是影响茶叶品质的重要因素。在品质定位中，需要强调这些方面的优势，以提升消费者对茶叶品质的认知和信任。

最后，品质定位需要注重茶叶的安全和卫生。随着消费者健康意识的提高，茶叶的安全和卫生问题越来越受到关注。在品质定位中，需要强调茶叶的安全和卫生标准，提高消费者对茶叶的信任度和忠诚度。

6.1.3.2 价格定位法

价格定位是茶叶市场定位的重要原则之一，它涉及茶叶的成本、市场需求和竞争状况等多个方面。合理的价格定位不仅可以吸引目标消费者，提高销售额，还可以保持企业的盈利。

茶叶的成本包括原材料成本、生产成本、运输成本、营销成本等。在制定价格策略时，需要充分考虑这些成本，以确保企业的盈利。同时，价格定位还需要考虑市场的需求和竞争状况。如果市场需求大而竞争小，可以适当提高价格；反之，如果市场竞争激烈而需求较小，则需要适当降低价格。

在制定价格策略时，需要考虑目标消费者的需求和购买能力。如果目标消费者对茶叶的品质和口感要求较高，可以适当提高价格；反之，如果目标消费者对茶叶的品质和口感要求较低，则可以适当降低价格。此外，价格策略还需要考虑竞争对手的价格定位，以避免与竞争对手的价格冲突。

茶叶品牌的市场形象是影响消费者购买决策的重要因素之一。在价格定位中，需要注重品牌形象和市场形象的塑造，以提高消费者对品牌的认知和信任。例如，一些高端茶叶品牌通过高价策略来提升品牌形象和市场形象，吸引特定消费群体。

6.1.3.3 品种定位法

品种定位是茶叶市场定位的关键原则之一。随着茶叶市场的不断发展和消费者需求的多样化，茶叶品种也日益丰富。因此，在茶叶市场定位中，需要关注茶叶品种的特点和优势，以吸引目标消费者。

品种定位需要了解不同茶叶品种的特点和优势。不同品种的茶叶在品质、口感、营养成分等方面都有其独特之处。例如，龙井茶以其清香、滋味甘醇而著称；普洱茶则以其独特的陈香和降脂、减肥等功效备受追捧；铁观音茶则以其独特的“观音韵”和高雅的香气而闻名。因此，在品种定位中，需要深入了解不同茶叶品种的特点和优势，以制定相应的市场策略。

品种定位需要强调茶叶品种的差异化优势。在竞争激烈的茶叶市场中，茶叶品种的差异化是吸引消费者的重要手段之一。在品种定位中，需要强调茶叶品种的特色和优势，以区别于其他竞争对手的产品。例如，一些茶叶品牌通过推出特色产品或创新产品来吸引消费者，如有机茶、低碳茶、富硒茶等。

品种定位需要注重市场需求和消费者心理。不同消费者对茶叶品种的需求和喜好也不同。在品种定位中，需要深入了解目标消费者的需求和心理，提供符合其需求的茶叶品种。例如，一些年轻人喜欢口感清爽、香气高扬的绿茶；而一些中老年人则更喜欢口感醇厚、具有保健功能的红茶或黑茶。

在品种定位中，需要深入了解不同茶叶品种的特点和优势，强调其差异化优势，并提供符合目标消费者需求的茶叶品种。同时，还需要注重品牌形象和市场形象的塑造，提高消费者对品牌的认知和信任。

6.1.3.4　需求定位

需求定位是茶叶市场定位的重要原则之一。随着消费者需求的多样化，茶叶市场的需求定位也越来越受到重视。通过深入了解消费者的需求，并提供满足其需求的茶叶产品，可以提高品牌的知名度和忠诚度，促进茶叶的销售和市场拓展。

不同的消费者对茶叶的需求不同，包括健康、口感、文化等方面的需求。例如，一些消费者注重茶叶的保健功能，选择具有降脂、降压、抗氧化等功效的茶叶；一些消费者注重茶叶的口感和香气，选择口感醇厚、香气高扬的茶叶；还有一些消费者注重茶叶的文化内涵，选择具有历史和文化背景的茶叶。因此，在需求定位中，需要深入了解不同消费者的需求，并提供满足其需求的茶叶产品。

在了解消费者需求的基础上，制定相应的产品策略，提供满足消费者需求的茶叶产品。例如，针对注重保健功能的消费者，推出具有降脂、降压、抗氧化等功效的茶叶产品；针对注重茶叶口感的消费者，推出口感醇厚、香气高扬的茶叶产品；针对注重茶叶文化内涵的消费者，推出具有历史和文化背景的茶叶产品。同时，还需要不断改进和优化产品品质，提高消费者的满意度和忠诚度。

品牌形象和市场形象是影响消费者购买决策的重要因素之一。在需求定位中，需要注重品牌形象和市场形象的塑造，提高消费者对品牌的认知和信任。例如，一些茶叶品牌通过开展文化体验活动、举办茶艺表演等形式来提升品牌形象和市场形象，吸引目标消费者。

6.1.3.5 竞争定位法

竞争定位是茶叶市场定位的关键原则之一。在茶叶市场中，竞争激烈，竞争对手众多。因此，在市场定位中，需要关注竞争对手的产品和市场策略，分析其优势和劣势，并采取相应的策略来提高自身竞争力。

在茶叶市场中，竞争对手众多，各家品牌的产品和市场策略也各不相同。通过了解竞争对手的产品特点、价格策略、营销渠道等方面的信息，可以分析其优势和劣势，并制定相应的竞争策略。例如，一些竞争对手可能在产品品质和口感方面具有优势，而另一些竞争对手则可能在价格和营销渠道方面具有优势。通过了解这些信息，制定相应的策略来提高自身竞争力。

在了解竞争对手的优势和劣势后，需要采取相应的策略来提高自身竞争力。例如，如果竞争对手在产品品质和口感方面具有优势，可以采取提高自身产品品质和口感的策略来提高竞争力；如果竞争对手在价格方面具有优势，可以采取降低成本的策略来提高竞争力。此外，还可以采取差异化竞争的策略，强调自身品牌的独特之处，吸引目标消费者。

6.2 茶叶市场营销组合策略

6.2.1 茶叶市场营销组合的概念

1953 年，美国哈佛大学教授尼尔·鲍顿（Neil Borden）在美国市场营销学会会长就职演说中提出了市场营销组合（marketingmix）术语：市场需求或多或少地在某种程度上受到所谓“营销变量”或“营销要素”的影响，为了寻求一定的市场反应，企业要对这些要素进行有效组合，从而满足市场需求，获得最大利润。简单地说，营销组合就是指企业为满足目标市场需要、实现营销目标而对企业的可控制营销变量进行选择、搭配、优化组合和综合运用。

关于“营销变量”或“营销要素”，1964 年，鲍顿教授在《市场营销组合的概念》一文中，提出 12 个重要的营销变量：产品规划、定价、品牌化、分销渠道、人员销售、广告、营业推广、包装、售点展示、售后服务、物流管理、调研和分析。他认为在市场营销的策略和决策中，这些因素是经常被考虑到的；而在任何特定的情形下，它们需要被重新考虑，并且可以重新考虑。

正因为“营销变量”或“营销要素”如此重要，一直以来受到理论界和营销实践的重视，营销组合的理论不断发展，在市场营销的策略和决策中被考虑的“营销变量”或“营销要素”由 4P 发展到 5P、6P、7P、10P 等；营销组合由代表卖方观点的 4P 组合发展到从买方出发的 4C 组合。

6.2.1.1　4P 市场营销组合

4P 市场营销组合，不仅是最早的，也是迄今为止影响最大的营销组合，后来的营销组合都是在 4P 理论基础上的延伸和拓展。4P 组合理论不仅为企业市场营销奠定了较为完整的理论基础，也为整个市场营销理论的发展作出了杰出的贡献。4P 组合理论的提出、发展及其在营销实践中取得的巨大成就，使之被营销经理们奉为营销理论中的圭臬。即使在今天，几乎每份营销计划书仍然是以 4P 组合的理论框架为基础拟定的，几乎每本营销学教科书和每一所大学的营销学课程也都把 4P 作为基本内容。当然，在探讨茶叶企业市场营销活动时，必然也要研究茶叶企业的 4P 市场营销组合。

1. 4P 市场营销组合的概念

在市场营销的策略和决策中被运用的“营销变量”或“营销要素”实际上有几十个。1960 年，美国营销学家杰罗姆·麦卡锡在鲍顿营销组合思想的基础上，把这些市场营销组合要素概括为四类，称之为 4P，即产品（product）、价格（price）、地点（place）和促销（promotion）。在著名的 4P 组合中，每一类 P 又包括许多因素，形成每类 P 的次级组合。如图 6-1 所示，对于茶叶企业来说：

产品（product）——茶叶企业最基本的营销要素，也是一切营销行为的基础。它通常是茶叶企业提供给目标市场的有形物品、服务的集合。不仅包括茶叶产品的功能效用、品质、外形、色泽、品牌、规格和包装，还包括服务和保证等因素。

价格（price）——顾客为获得茶叶产品而必须支付的金额，也是企业出售茶叶产品所追求的经济回报。包括基本价格、折扣、折让、支付方式和信贷条件等，又称定价。茶叶定价应该与顾客对茶叶产品的认知价值相称，否则顾客就会购买其他茶叶企业的茶叶产品。

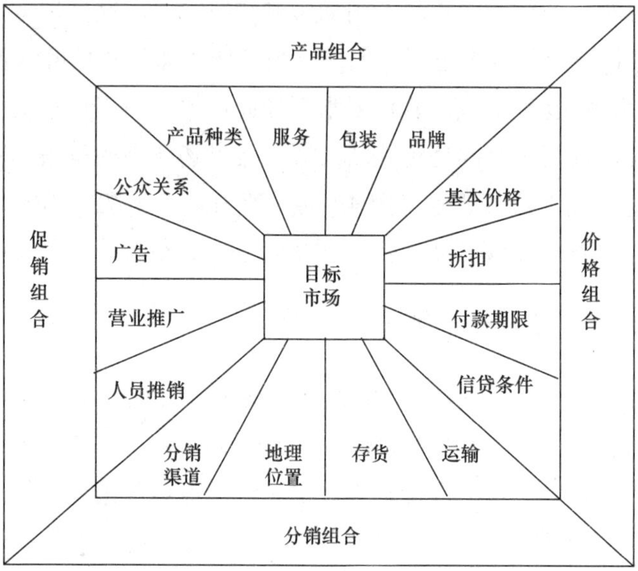

图 6-1　4P 营销组合因素

分销（distribution）——又称地点渠道，指茶叶企业为使目标顾客能接近或得到其茶叶产品而进行的各种活动，包括分销途径、覆盖区域、市场位置或场所、仓储、运输等。它要求茶叶企业必须识别、联系和利用各种中间商和营销服务商，以便更有效地将茶叶产品和服务提供给目标市场。

促销（promotion）——指茶叶企业将其茶叶产品告知目标顾客并说服其购买而进行的各种活动，包括广告、人员推销、营业推广、公共关系等。茶叶企业要在激烈的市场竞争中使自己的产品在同类产品中脱颖而出，与竞争对手区别开来，吸引顾客的眼球和货币投票，在一定程度上要依靠促销。

2．4P 营销组合的特点

茶叶企业为了能对其可控制的 4 类营销要素或变量进行有效的选择、搭配、优化组合和综合运用，从而满足目标市场需要，实现营销目标，需要对 4P 营销组合的特点进行分析。

（1）可控性。可控性即4P营销组合是茶叶企业可控制因素的组合。茶叶企业根据目标市场的需要和自身的资源情况，调节、控制和运用市场营销组合的四种因素，决定生产或是经营何种茶叶和服务，给茶叶产品或是服务制定何种价格，选择何种分销渠道，选择何种促销手段等。这些市场营销的手段如何选择和搭配，茶叶企业有其自主权。不同的茶叶企业，针对不同的市场环境，需要采取不同的市场营销组合。营销组合的可控制性必然使得营销组合的多样性成为可能。

（2）动态性。动态性即4P营销组合是一个动态组合。市场营销组合因素都会因为茶叶企业内部条件、外部环境的变化而随之发生改变。很显然，市场营销组合中的各因素是相互影响的，任何一个因素的变化都会使整个组合产生变化，从而形成了一个新的市场营销组合，可见茶叶市场营销组合并不是一成不变的，它是一个因为茶叶企业内部条件、外部环境的变化而随之发生变化的动态组合。需注意的是，在短期内，茶叶企业只能对市场营销组合中的少数几个因素进行变更，如调整价格、扩大推销力量等，而开发新的茶叶产品或改革销售渠道则需要较长时间。

（3）复合性。复合性即4P营销组合是一个复合结构。市场营销组合是一个4P的大组合，每一类P又包括许多因素，形成每类P的次级组合，在每一个次级因素中，又有更小的组合，且每个因素都是相互影响的。茶叶企业在进行营销决策时，必须针对目标市场的需求，根据外部环境因素，协调内部人力、物力和财力资源，选择和搭配好这些不同层级的营销组合因素。

（4）整体性。4P营销组合是茶叶企业根据营销目标制定的整体策略，它是对各个因素的有效组合，使之成为一个协调的整体，从而发挥最佳作用。这种作用，不是每一个因素所产生作用的简单相加的结果，而是各个因素相互配合协调产生的整合效应。

因此，在制定和调整一个组合时，要追求整体的效益最优化，而并非各因子的最大效用。各层次的组合也应服从整体的调配，从而设计出整体性强、合理适当的营销组合以期增强营销效果。

6.2.1.2　市场营销组合及其理论的发展

4P营销组合将众多营销组合因素概括成四个大类，非常简明，易于把握，但这是一个以卖方为中心的营销组合模式，关注的重心是企业内部的可控性因素；强调卖方用4P营销组合工具对买方单向施加影响。

因此，在日益复杂多变的市场环境下，随着市场竞争的日益激烈，为实现茶叶企业的营销目标，仅靠4P营销组合已难以奏效，一些市场营销创新者突破了经典的产品、价格、分销和促销四个市场营销组合因素框架，引进了不同的营销因素或变量，产生了新的营销组合理论。

1．服务营销组合——7P组合

服务营销组合理论是在对4P营销组合批判和补充的基础上发展起来的。

在20世纪70~80年代，随着社会经济的发展，服务业迅速发展起来，已有传统营销组合理论的经验主要来源于生产有形的消费品企业，难以适应服务性企业的营销要求。1981年，美国服务营销学家布姆斯（B.Booms）和比特纳（M.Bitner）在原来4P的基础上增加了三个服务性的P。于是服务作为第五个因素引进了市场营销组合因素之中。即在原有“4P”的基础上增加了人（people）、有形展示（physical evidence）和服务过程（process）三个因素后，形成了服务营销的“7Ps”组合。7P组合对于茶馆营销、茶叶生态观光休闲园、茶叶农家乐、茶业培训机构等以服务为主要经营内容的服务业态茶叶企业来说，尤为重要。

人（people）——由于绝大多数的服务是由人提供的，并且服务的异质性等特征决定了服务业营销成功的关键在于人。服务的提供人员在顾客的心目中是服务的一个组成部分。如茶馆营销中，茶水服务人员的仪容仪表、服务水平和态度等，对于进茶馆消费的顾客满意度起到了重要的作用。

有形展示（physical evidence）又称实体证明。指借助一切有形组成传递服务信息、展示服务特色与优点的活动。有形展示是一种极为重要的服务策略。由于服务的无形性及易逝性，需要借助一些外在的有形物，如茶馆环境、设施、员工、茶单、信息资料等来传递茶馆服务信息、展示茶馆服务特色，以帮助顾客感受服务所能带来的利益，引导顾客对服务产生合理的期望，从而增强顾客消费服务的信心。

服务过程（process）——对于服务业态的顾客所获得的利益与满足，不但来自服务本身，同时也来自服务的递送过程。良好的服务递送过程（服务系统运作方式），可提高服务效率，增加顾客满意度。

2．大营销组合——6P组合

20世纪80年代以来，经济全球化趋势加强，国际市场竞争日趋激烈，许多国家贸易壁垒增强，贸易摩擦时有发生。在这样的背景下，1986 年，菲利普·科特勒提出大营销（megamarketing）概念，指出企业在进入被保护的市场时，为冲破政治壁垒和公众舆论的障碍，并从事市场营销活动，需要在运用 4P 的基础上，采取政治、经济、心理以及公共关系等手段赢得若干参与者的合作与支持，这就需要增加两个 P，即政治权力（political power）和公共关系（public relation），是为 6P。

政治权力又称政治力量。是指为了进入目标市场和在目标市场上经营，需争取产业官员、立法人员和政府官员这些有权打开市场大门的人的理解和支持；为了获得其他利益集团的预期反应和关注，运用审慎的活动和谈判技巧。如 2000 年以来欧盟国家对进口茶叶实施苛刻的农残限量标准，由于农残限量标准极为苛刻，一般茶叶企业难以达到，就成了我国茶叶进入欧盟等国际市场的技术性壁垒。因此可以利用我国在世界贸易组织中的有利地位和享有的权利，积极争取《技术性贸易壁垒协议》制定或修改的权利，以及在产品法规、标准、认证和检验制度方面实行非歧视待遇和国民待遇，防止茶叶进口国对我国茶叶实行双重标准，有效利用 WTO 的争端解决机制，消除他国对我国茶叶的歧视性 TBT（技术性贸易壁垒）。

公共关系则在于影响公众的观点，在公众心目中树立良好的产品和企业形象，这主要是通过大众性的沟通技术来实现。

菲利普·科特勒认为除了给顾客和中间商（如代理商、分销商和经纪人）提供利益外，同样应为政府、工会和可以阻碍企业进入某市场以获利的其他利益集团提供利益。他把这种新的战略思想称为“大市场营销”，即营销是在市场特征之上的，不仅仅要考虑市场环境因素，还要考虑政治和社会因素。

3．战略营销组合——11P 组合

菲利普·科特勒在大市场营销的基础上，逐渐形成了战略营销的观点和理念，提出在制定 4P 战术营销组合之前应制订 4P 战略营销计划。

4P 战略营销计划的制订步骤。

第一步是“探查”（probing），即市场调研（marketing research）。指在市场营销观念的指导下，以满足消费者需求为中心，用科学的方法系统地收集、记录、整理与分析有关市场营销的情报资料，比如某茶叶市场由哪些人组成、如何细分、竞争对手是谁等，从而提出解决问题的建议，确保茶叶营销活动顺利进行。

第二步是“划分”（partitioning），即市场细分（marketing segmentation）。其是根据消费者需求的差异性，运用系统的方法，把整体市场划分为若干个消费者群的过程。

第三步是“优先”（prioritizing），即目标市场的选择。在市场细分的基础上，选择那些最能发挥茶叶企业营销优势、能最大限度满足顾客需要的茶叶市场。

第四步是“定位”（positioning），即市场定位或产品定位。其是根据竞争者及其他茶叶企业在市场上所处的地位，针对消费者对茶叶产品的功能效用的重视程度，强有力地塑造出本企业产品与众不同的、鲜明的个性或形象，从而使茶叶产品在市场上、本茶叶企业在行业中确定适当的地位。

做好这4P营销战略后，再制定4P战术组合，加上前面所说的政治权力和公共关系两种营销技巧，即在国际市场营销活动中，必须了解其他国家的政治状况，有效地排除产品通往目标市场的道路障碍，争取有关机构、集团，甚至个人的支持、合作，确保营销活动的成功。

最后，菲利普·科特勒吸取了服务营销的成果和观点，加进了第11个P，即人。即为了企业的成长和利润，对企业内部，满足员工需求，让其感到满意；对企业外部，应满足顾客需求，让其在购买和消费中感到满意；同时，也应该使股东及其他利益相关者感到满意。他认为，这第11个P贯穿于市场营销活动的全过程，是前10个P的成功保证。至此，营销组合已经从4P发展到了11P，完成了从战术到战略的提升，建立起了一个比较完整的营销管理理论分析框架，意义十分重大。茶叶企业在营销决策中，科学地运用这11P，是成功地拓展国内外市场的基本保障。

4．4C组合——顾客观念营销组合的代表

20世纪七八十年代，美国的市场营销环境发生了许多变化，企业以营销观念和4P组合理论为指导开展的营销活动，由于较多地强调和使用了卖方对买方单向施加影响的营销手段和策略，缺乏双向沟通和对顾客价值追求的关怀，使得消费主义兴起和消费保护运动盛行；高新技术的蓬勃发展极大地促进了社会生产力水平的提高，商品供应更加丰富，买方市场进一步深化，市场竞争更加激烈，从而使消费者需求的多元化、个性化趋势不断增强，要求真正以顾客需求为中心的呼声不断增强，消费者的市场地位不断提升，消费者的满意程度直接影响到他们对企业的“货币投票”。正是在这种营销环境不断发展变化的背景下，理论界对 4P 组合营销实践存在的问题进行了反思，产生了新的营销组合理论。如 20 世纪 90 年代，美国哈佛大学瑞查德和塞斯提出的 3R+4P——顾客忠诚度组合理论［顾客保留（retention）、关联销售（relatedsale）、顾客推荐（referral）］；美国营销学家舒尔兹提出的顾客与企业的双赢 4R 组合［顾客关联（relevancy）、市场反应（response）、关系营销（relationship）、利益回报（retribution/reward/return）］；美国学者艾略特·艾登伯格在 2001 年提出的如何愉悦顾客的 4R 组合理论［关系（relationship）、节省（retrenchment）、关联（relevancy）、报酬（reward）］等。其中以 4C 组合理论最具代表性，且广为应用。

1990 年，美国营销学家罗伯特·劳特伯恩提出了从顾客角度出发来考虑企业营销活动的 4C 营销组合理论。从买方的角度来看，每一个市场营销工具首先应该是用来为顾客提供利益，其次才用于企业考虑策略和利润。

消费者需求（consumer wants and needs）是指忘掉产品，关注顾客的需求和欲望。消费者是企业一切经营活动的核心，企业重视顾客要甚于重视产品。强调创造顾客比开发产品更重要，消费者的需求和欲望的满足比产品功能更重要。

消费者愿意付出的成本（cost to satisfy wants and needs）即忘掉价格，关注顾客愿意付出的代价。将价格因素延伸为生产经营全过程的成本，包括企业的生产成本（生产适合消费者需要的产品成本）和消费者的购物成本（购物的货币支出、时间耗费、体力和精力耗费以及风险承担），从过去厂商的“指示”价格转变成消费者的“接受”价格。

便利（convenience to buy）即忘掉渠道，关注如何让顾客购买得更方便。便利就是方便顾客，维护顾客利益，为顾客提供全方位的服务，把便利原则贯穿于营销活动的全过程。

沟通（communication）即忘掉促销，关注与顾客的双向沟通。4C 组合用沟通取代促销，强调企业应重视与顾客的双向沟通，以积极的方式回应顾客的情感，建立基于共同利益之上的新型的企业、顾客关系，培养忠诚的顾客。

因此，茶叶企业为了更好地建立企业、品牌、产品的鲜明特色和个性形象，赢得顾客，进而赢得竞争，需要在设计实施 4P 组合时，融入 4C 组合理论。

6.2.2 茶叶市场营销组合的特点

6.2.2.1 多元化

多元化是茶叶市场营销组合的重要特点之一。茶叶市场的消费群体分布非常广泛，不同年龄、性别、地域和文化背景的消费者对茶叶的品种、品质、包装和价格等方面都有不同的需求和偏好。因此，茶叶企业需要针对不同的消费群体制定多元化的营销策略，以满足不同消费者的需求。

针对不同年龄段的消费者，茶叶企业需要制定差异化的营销策略。例如，针对年轻人市场，可以通过时尚、潮流的包装和新鲜的口感来吸引他们；针对中老年人市场，则可以通过强调茶叶的保健和养生功能来吸引他们。

针对不同性别市场的消费者，茶叶企业也需要制定差异化的营销策略。男性消费者更注重茶叶的口感和品质，而女性消费者更注重茶叶的口感和包装。因此，茶叶企业可以根据不同性别的消费者制定相应的营销策略，以吸引更多的目标客户。

茶叶企业需要针对不同消费群体制定差异化的营销策略，以满足不同消费者的需求。同时，还需要考虑地域差异和文化因素对营销策略的影响，以适应当地市场需求和文化背景。通过多元化的营销策略，茶叶企业可以更好地吸引目标客户，提升品牌价值和市场竞争力。

6.2.2.2 地域性

地域性是茶叶市场营销组合的重要特点之一。茶叶的种植和生产受到气候、土壤、海拔等多种因素的影响，因此不同地区的茶叶品种和品质各有特色。为了满足不同地区消费者的需求，茶叶企业需要制定相应的营销策略，以适应当地的市场环境和消费习惯。

针对不同地区的消费者，茶叶企业应根据当地消费者的口味偏好和消费习惯，制定相应的产品策略。例如，在南方地区，消费者更喜欢口感清淡、香气高扬的绿茶；而在北方地区，消费者则更喜欢口感浓郁、色泽深红的黑茶。

茶叶企业同时需要考虑不同地区的消费水平，制定相应的价格策略。不同地区的消费者对茶叶的价格敏感度不同，因此茶叶企业需要根据当地市场的实际情况，制定合理的价格策略，以提高产品的市场竞争力。

促销策略也需要考虑地域差异。不同地区的消费者对促销活动的敏感度和接受度不同，因此茶叶企业需要根据当地市场的实际情况，制定相应的促销策略，以提高产品的知名度和销售量。

茶叶企业需要综合考虑不同地区的消费者需求、价格、购买渠道和促销活动等方面的差异，制定相应的营销策略，以适应当地市场需求和文化背景。通过地域差异化的营销策略，茶叶企业可以更好地满足不同地区消费者的需求，提高产品的市场占有率和品牌影响力。

6.2.2.3　文化性

文化性是茶叶市场营销组合的重要特点之一。茶叶作为中国传统文化的重要组成部分，具有深厚的文化底蕴和历史背景。这种文化因素不仅可以吸引消费者的关注和认同，还可以提升茶叶品牌的形象和市场影响力。

茶叶企业可以通过文化营销手段来吸引消费者。例如，通过举办茶文化讲座、茶艺表演、茶道体验等活动，让消费者更好地了解茶叶的历史、文化和传统技艺，从而提升消费者对茶叶的认知和兴趣。

茶叶企业可以在产品设计和包装中融入文化元素。例如，通过采用传统的茶叶包装材料和工艺，或者在包装上印制与茶叶相关的诗句、故事、传说等文化内容，来增加产品的文化内涵和附加值。这种融入文化元素的产品设计和包装不仅可以吸引消费者的关注，还可以提高产品的附加值和市场竞争力。

茶叶企业还可以通过合作与跨界合作来拓展茶叶文化的传播渠道。例如，与旅游景点、电影院等商家合作，共同举办与茶叶文化相关的活动和展览，吸引更多的消费者参与和体验。这种合作与跨界合作的方式可以拓展茶叶文化的传播渠道，提升消费者对茶叶的认知和兴趣。

文化性是茶叶市场营销组合的重要特点之一。茶叶企业需要充分利用文化因素，通过文化营销手段吸引消费者，提升品牌形象和市场影响力。同时，还需要不断创新和拓展茶叶文化的传播渠道，以满足消费者对茶叶文化的需求和期待。通过文化营销手段和文化元素的融入，茶叶企业可以更好地满足消费者的需求，提高产品的附加值和市场竞争力。

6.2.2.4 健康性

健康性作为茶叶市场营销组合的核心特点之一，源于茶叶作为一种天然健康饮品的独特地位。自古以来，茶叶就被人们视为具有保健和养生功能的饮品，其内含的茶多酚、氨基酸、矿物质等多种营养成分对人体健康有着诸多益处。

茶叶企业可以通过科学研究和临床试验来验证茶叶的健康功效，并将这些研究成果应用于产品宣传和推广中。针对不同消费群体的需求，推出具有特定保健功能的茶叶产品，如针对肥胖人群的减肥茶、针对高血压人群的降压茶等。这些具有科学依据的健康茶饮品能够更好地满足消费者的健康需求，提升产品的市场竞争力。

茶叶企业可以在产品包装和宣传中突出茶叶的健康性。通过精美的包装设计和生动的宣传语，让消费者在购买茶叶时就能感受到其健康养生的理念。例如，在包装上印制茶叶的营养成分表、保健功效介绍等内容，或者在宣传中强调茶叶的天然、无污染等特点，都能够有效地吸引消费者的关注和购买。

茶叶企业还可以通过与健康领域的专家、机构进行合作，共同推广茶叶的健康理念。例如，与营养师、中医等合作推出健康茶饮品的配方和食用建议，或者与健身房、瑜伽馆等合作举办健康茶饮品的品鉴和体验活动。这些合作不仅能够提升茶叶品牌的知名度和影响力，还能够进一步强化消费者对茶叶健康性的认知和认同。

茶叶企业需要充分利用茶叶的天然健康属性，通过科学验证、精美包装、生动的宣传以及与健康领域的合作等多种手段来突出茶叶的健康性。这样不仅能够满足消费者对健康饮品的日益增长的需求，还能够提升茶叶品牌的市场竞争力和社会影响力。

【本章小结】

在本章中，我们深入探讨了茶叶市场定位和市场营销组合策略的核心内容。

首先，介绍了茶叶市场定位的概念、步骤、策略、方法和原则。市场定位是茶叶企业根据市场需求和竞争态势，确定自身产品和服务在市场中的独特位置。通过明确市场定位，企业能够更好地满足目标客户的需求，提高品牌知名度和忠诚度。

其次，探讨了茶叶市场营销组合策略的概念、构成、特点和应用。市场营销组合策略是指企业根据市场需求和竞争状况，综合考虑产品、价格、渠道和促销等因素，制定出一套有效的营销策略。通过合理的市场营销组合策略，企业能够更好地满足市场需求，提高市场份额和盈利能力。

第 7 章　茶产品策略

7.1　茶产品的整体概念及构成

茶企业的市场营销活动必须以满足消费者需要为中心，而消费者需要的满足必须通过提供茶叶产品或服务来实现。茶叶产品是营销组合中的首要因素，茶叶产品决策直接影响和决定着价格、渠道、促销的决策。因此，茶叶产品策略是整个营销组合的基石，与茶企业市场营销的成败关系重大。在现代市场经济条件下，每一个茶企业都应致力于茶叶产品品质的提高、品牌的创建、组合结构的优化，随着茶叶产品生命周期的发展变化，灵活调整市场营销方案，适时研发茶叶新产品代替衰落产品，以更好地满足茶叶市场需要，取得更好的经济效益。

7.1.1　茶产品的整体概念

市场营销的理论和实践表明，在市场经济条件下，茶企业的茶产品必须能够满足消费者的需求，才能实现价值交换，获取利润。茶产品能够满足消费者的需求程度，极大地影响着其竞争能力和盈利水平；茶叶产品能够满足消费者需求的时效性，极大地影响着产品持续盈利的能力。因此，为了使茶企业生产或提供的茶叶产品能更好地满足消费者的需求，提高茶叶产品的竞争力及盈利水平，首先需要从市场营销的角度认真探讨茶产品的内涵及构成。

1．茶产品概念

产品，是能提供给市场以满足欲望和需要的任何东西，包括实物、服务、场所、组织、创意等。据此，茶产品是指能够为目标顾客带来价值并满足他们需要的茶叶相关物品，往往同时包含有形的物品和无形的服务两个部分。如果消费者需求的满足主要源自茶叶产品的有形部分，则该茶叶产品可称为有形茶产品，即通常所说的“茶产品”，如一瓶即饮式茶饮料、用于冲泡茶水的茶叶；如果消费者需求的满足主要源自无形服务，则该产品可称为无形服务产品，即通常所说的“服务”。例如，消费者进茶馆消费、去茶叶农家乐消费或去茶树生态观光园休闲旅游，主要是消费无形服务。

2．茶叶服务概念

茶叶服务可以区分为两种。一是服务产品，它为消费者创造或提供的核心利益主要来自无形的服务。二是功能服务，这种无形服务只是为了使茶叶产品能更好地满足消费者需求而辅助性产生的，满足消费者非主要的需求，是纯粹的服务。两者虽然都是无形的，但有一定的区别。服务产品在其产生的同时，消费者一定的需求得到满足，这种需求是消费者所要购买的对象。如茶树生态观光园休闲旅游，可以使消费者心情愉悦。功能服务包含在茶叶产品（包括服务产品）中，或依附于有形物，与有形物构成一个整体，也能满足消费者的一定需求，但满足的不是主要需求，只是为了产品的使用价值能够实现而产生的，且是为了提升产品的吸引力或市场竞争力而延伸的。如有形产品制茶机的送货上门、安装、维修，茶馆的网上预订、账单打印或邮寄等。

3．茶产品整体概念

市场营销学所解释的茶产品，不仅仅是传统意义上的有形物，它强调无论是有形的物，还是无形的服务，都必须能够满足消费者的一定欲望和需要，也就是说茶产品或茶叶服务产品的价值在于能够满足消费者的欲望和需求。事实上，顾客购买一瓶茶饮料，就要从这瓶茶饮料中得到一定的欲望和需求的满足。如顾客购买茶饮料，是为了能解渴，补充身体需要的水分，满足人们生理健康或精神愉悦的需要。这种需要的满足，是通过有形的实体、无形的服务、功能属性等整体实现的。因此，市场营销学中的茶产品概念通常称为茶产品整体概念，即由满足消费者对茶产品一定欲望和需求，能给消费者带来有形利益和无形利益的有形实体、无形服务、功能属性等的组合整体。茶产品整体可以被细分为不同层次，最常见的有以下两种。

（1）三层次茶叶产品整体概念。即茶叶产品是由核心产品层、形式产品层、延伸产品层组合成一个整体。

核心产品是指顾客购买某种茶叶产品时所追求的功能和效用，是顾客真正要买的东西，因而在产品整体概念中也是最基本、最主要的部分。其不但包括茶叶的饮用价值、营养价值与药效价值，还包括茶叶产品所能提供的社会交往、社会象征价值、精神愉悦等功能。

有形产品是指茶叶核心产品即茶叶的饮用价值、营养价值与药效价值等借以实现的形式，故又称形式产品，即产品的外在形态。通常包括茶产品名称、质量等级、色香味形、品牌、包装、设计等。茶产品的基本效用必须通过这些具体的形式才能得以实现。茶企业应首先着眼于顾客购买茶产品时所追求的利益或价值，以求更完美地满足茶产品顾客的需要，从这一点出发再去寻求利益或价值得以实现的形式，进行茶产品设计。

附加产品是对茶叶产品内涵的延伸，故又称为茶叶产品延伸层。指顾客购买茶叶产品时所获得的全部附加服务和利益，包括咨询服务、质量保证、提供信贷、免费送货，如果是茶机，还包括安装、维修、技术培训等服务。附加产品来源于茶企业对消费者需求的深入认识。茶叶购买者为了满足某种需要，希望得到与满足该项需要有关的一切，包括售前、售中、售后服务。这是在现代市场上同类茶叶产品赢得竞争的关键。因此，茶企业若能提供给茶叶产品消费者更多利益的产品附加层，对于赢得竞争意义重大。

（2）五层次产品整体概念。即茶产品是由核心产品层、一般产品层、期望产品层、附加产品层和潜在产品层组合成一个整体。

五层次产品整体概念及结构最早见于菲利普·科特勒的《营销管理》（1994年版），与三层次产品整体结构相比，五层次结构增加了“期望产品”层（第三层）和“潜在产品”层（第五层）；改造了第二层，以“一般产品”层代替“有形产品”层；“附加产品”层被推向第四层。

一般产品即茶叶产品的基本形式。用以体现茶叶产品核心层——茶叶产品的功能和效用。包括茶叶产品的质量、外观（如色香味形）、包装、品牌等看得见、摸得着的具体东西。

期望产品即消费者购买茶叶产品时通常希望或认可的一组属性和条件。如名牌、质量高档、美观的造型、鲜亮的色彩、新颖的包装等。

潜在产品即产品最终可能会实现的全部附加部分和新转换部分。如果附加产品包含着产品的今天，则潜在产品指出了它可能的演变。最成功的公司在它们的产品和服务中增加了额外的优惠和好处，不仅让顾客满意，而且令顾客愉悦。愉悦是指对提供物添加了出乎意料的惊喜。

上述对茶产品及其整体概念的描述，对实际茶叶营销活动有重要的指导作用。它体现了以茶叶消费者需求为中心的营销观念，明确了茶产品是能提供给顾客以满足其欲望和需要的任何东西，包括有形的和无形的。同时提出服务不仅是茶产品的一个组成部分，而且是赢得顾客、提高竞争力的重要部分。整体的茶产品概念强调消费者对茶产品的满足程度，既取决于三个层次中的每一层的水平，也取决于产品整体组合效果，指出了茶叶产品设计的原则和拓宽发展的方向。

7.1.2　茶产品的构成

茶产品的构成主要包括以下几个部分。

1．鲜叶

这是茶产品的基础原料，通常是从茶树上采摘下来的嫩叶。鲜叶的质量对于最终茶产品的品质有着至关重要的影响。

2．发酵程度

茶产品在制作过程中会经历不同程度的发酵。发酵程度的不同会导致茶产品的口感、色泽和香气等方面的差异。例如，绿茶是不发酵的茶，而红茶是全发酵的茶。

3．加工工艺

茶产品的加工工艺包括萎凋、杀青、揉捻、干燥等多个步骤。不同的加工工艺会对茶产品的品质产生影响，形成不同的茶类，如龙井、普洱、大红袍等。

4．产地

不同产地的茶叶，由于气候、土壤等自然条件的不同，其品质也会有差异。例如，武夷山的岩茶和云南的普洱茶都因其独特的产地环境而具有独特的品质特征。

5．采摘时间

茶叶的采摘时间也会影响茶产品的品质。一般来说，春茶的品质最好，因为春季的气候适宜，茶叶生长缓慢，内含物质丰富。

6. 贮存条件

茶产品在贮存过程中需要注意防潮、防晒、防异味等条件。贮存不当可能会导致茶产品变质，从而影响品质。

7. 包装

茶产品的包装不仅起到保护产品的作用，还能提升产品的附加值和品牌形象。精美的包装可以激发消费者的购买欲望。

7.2 茶产品组合策略

一个茶企业提供给目标市场的往往不是单一的茶产品，而是多个茶产品。茶企业应该为目标市场提供多少种茶产品，以及提供什么样的茶产品才能满足消费者的需要，实现茶企业的利润目标，是茶企业营销决策中需要重点解决的问题。

7.2.1 茶产品组合的基本概念

茶企业在生产经营活动中，必须依据市场需求和自身实力，确定生产和经营哪些茶产品，明确产品之间的相互关系，这是茶企业进行产品组合决策的主要内容。

7.2.1.1 茶产品组合的含义

茶产品组合是指在某一特定的茶企业（或品牌）下，所提供的所有茶产品的集合。茶产品组合可以根据其构成要素进行多种分类，例如，依据茶叶的发酵程度、加工工艺、产地、采摘时间等构成要素分类。它通常由几种产品线组成。产品线是由一组密切相关的、能满足同类需求的产品项目构成，又称产品系列或产品类别。产品项目是指某一品牌或产品大类内由不同等级、不同规格、不同重量、不同包装及其他属性来区别的具体产品。比如，现在规模大一些的茶公司产品是由多条产品线组成，这些产品线包括绿茶系列、红茶系列、即饮式茶饮料系列、茶叶食品系列等，其中的绿茶系列中又包含龙井、黄山毛峰等产品项目。

7.2.1.2　茶产品组合的变数

茶产品组合有一定的宽度、长度、深度和关联性。茶企业的产品组合或搭配，其不同及改变往往表现在产品组合的宽度、长度、深度和关联度这几个方面。

1. 产品组合宽度

产品组合宽度是指一个茶企业产品线的多少，也就是产品组合拥有的产品线数目。茶企业拥有的产品线越多，其产品组合就越宽；产品线越少，产品组合就越窄。产品组合宽度反映茶企业经营范围大小、综合利用资源的能力、抵御风险的能力。

2. 产品组合长度

产品组合长度是指一个茶企业的产品组合中所包含的产品项目的总数。用这个总数除以产品线的数目，就得到产品组合的平均长度。产品组合长度反映产品线的丰满程度及满足消费者多样性需求的程度。

3. 产品组合深度

产品组合深度是指产品线中每种产品有多少花色、品种、规格。如，绿茶系列中黄山毛峰有 6 个等级、5 种包装，则深度就是 $6 \times 5 = 30$。产品组合深度决定了满足不同消费者需求的能力。

4. 产品组合关联度

产品组合关联度是指一个茶企业的各个产品线最终使用、生产条件、分销渠道等方面的密切相关程度，因此，也称之为产品组合相关性或密度。相关性的高低同观察者的不同相关，有时虽在生产上或经营上相关性很高，但从消费者的使用上看则相关性很低。如茶叶专卖店经营绿茶、红茶、青茶、茶具、茶糕点、茶书等与茶叶相关的产品，经营者认为其产品组合相关性较高，都与茶叶有关，而从消费者角度看，相关性并不高。产品组合相关性的高低可决定企业在多大领域内加强竞争地位和获得多高的声誉。

7.2.2　茶产品组合的调整策略

茶产品组合的调整策略是指为了实现茶企业产品组合的最佳化，在优化产品组合时，依据企业发展的需要、市场需求及竞争情况的不同，在对产品组合分析评价的基础上，对产品组合的长度、宽度、深度、相关性等方面做出必要的调整决策。如扩大产品组合、缩减产品组合、产品线延伸、产品线关联策略等。

7.2.2.1 扩大产品组合

扩大产品组合包括拓展产品组合的宽度和增加产品组合的深度。前者是在原产品组合中增加一条或几条产品线；后者是在原有的产品线内增加新的产品项目。当茶企业欲充分发挥各项资源的潜力，扩大经营范围时，可考虑在现有产品组合中增加新的产品线。如某绿茶厂欲充分利用本企业的绿茶基地及茶叶加工设备等资源，可考虑增加花茶生产线；如某茶叶店欲充分利用已建立的声誉或优越的地理位置带来的人气旺、流量大的优势，可适当增加茶糕点、茶食品系列。如果茶企业想占据主导地位，成为产品线更加完整的公司，或打算增加产品特色，满足消费者新的需求，或企业生产能力过剩迫使产品线经理开发新的产品项目，或经销商和销售人员要求增加产品项目，可选择在原有产品大类内增加新的产品项目。增加产品线的长度，可使企业产品线丰富，同时给每种产品增加更多的变化因素；增加深度，可适应细分市场上不同顾客的需求和爱好，吸引更多的消费者。

一般而言，扩大产品组合，即增加产品组合的宽度，就是扩大经营范围，进行更多品种或品类的生产经营，甚至跨行业经营（不考虑产品组合的关联程度），充分发挥企业各项资源（人、财、物、市场）的潜力，提高效益，分散风险，增强竞争能力。但同时也增加了茶企业的经营成本，提高了茶企业经营的难度和复杂程度。

7.2.2.2 缩减产品组合

当市场繁荣时，较长、较宽的产品组合会为茶企业带来较多的盈利机会，但在一定条件下，有必要进行产品组合的缩减。如通过对产品线或产品项目的分析，有的产品项目处于产品生命周期的衰退期，继续经营这样的产品，对企业不利；当市场不景气或原料、能源供应紧张时，从产品组合中剔除那些获利很少甚至不获利的产品大类或产品项目，使企业可集中力量发展利润水平高、前景乐观的产品项目或新产品项目；一定时期内，市场需求不足，经营项目过多会增加成本、降低利润。针对上述情况，企业可以从产品组合中暂时性或永久性地缩减那些获利很少甚至不获利的产品线或产品项目，使企业可集中力量发展更具活力的产品线和产品项目，从而可能使总利润上升。

同时，缩减本茶企业产品组合进行更少品种或品类的生产，甚至专业化生产经营，有利于茶企业集中力量，采取先进的生产技术和营销方法，提高效率，降低成本和费用，提高产品质量和水平。但同时也降低了茶企业市场的应变能力，增加了市场竞争风险。

7.2.2.3　产品线延伸

每一家茶企业的产品都有其特定的市场定位。产品延伸策略是指茶企业为了适应市场变化或开拓新市场，全部或部分地改变企业原有产品的市场定位策略。具体做法有向下延伸、向上延伸和双向延伸 3 种。

1. 向下延伸

向下延伸是指茶企业原来生产高档茶叶产品，后来决定增加低档产品。企业采取这种策略的主要原因：①发现其高档产品的销售增长缓慢，因此不得不将其产品向下延伸；②高档产品受到激烈的竞争，必须用进入低档产品市场的方式来反击竞争者；③当初进入高档产品市场是为了建立其质量形象，然后再向下延伸；④增加低档产品是为了填补市场空白，不使竞争者有隙可乘。

茶企业在采取向下延伸策略时，会遇到一定的风险，如：①原来生产销售高档产品，后来增加低档产品，有可能使名牌产品的形象受到损害。因此，低档产品最好用新的商标，不要用原来高档产品的商标。②原来生产销售高档产品，后来增加低档产品，有可能会激怒生产销售低档产品的企业，导致其向高档产品市场发起反攻。③经销商因为经营低档产品所得的利润较少而不愿意经营低档产品。

2. 向上延伸

向上延伸是指茶企业原来生产低档产品，后来决定增加生产高档产品。主要理由：①高档产品畅销，销售增长较快，利润率高；②预测高档产品市场上的竞争者较弱，易于被击败；③想使自己成为生产种类更全面的茶企业。

采取向上延伸策略也要承担一定的风险，如：①可能引起生产高档产品的竞争者进入低档产品市场，进行反攻；②未来的顾客可能不相信企业能生产高档产品；③销售代理商和经销商可能没有能力经营高档产品。

3．双向延伸

双向延伸即原定位于中档产品市场的茶企业，掌握了市场优势以后，决定向产品线的上下两个方向延伸，一方面增加高档产品，另一方面增加低档产品，扩大市场阵地。

7.2.2.4 产品线关联

茶企业在扩大或缩减产品组合时，还可以从其产品线之间关联程度大小进行决策。可以采取更大的或更小的产品线关联性，这取决于茶企业是希望在单个领域还是在众多领域中赢得好声誉，以及自身各项资源（人、财、物、市场）是适宜专业化生产经营还是多元化经营。

总之，茶企业可根据自身的经营目标、经营规模、货源供应、市场需求等因素，从产品组合宽度、长度、深度、关联度、等级几个方面调整优化产品结构。加强市场调研和产品研发的力度，保持茶叶产品组合优势和创新延伸，从原料、加工工艺与设备、包装等方面入手不断推出新产品，以满足细分市场的消费需求。同时经营范围也不宜过广，避免经营品类过多过滥，以及产品特色和诉求点不明晰。

7.3 茶品牌与商标策略

当茶企业为产品制定营销战略时，必然要进行品牌与商标的决策。品牌是产品战略中的一个主要课题。品牌商标是茶叶产品整体的一个重要组成部分，是茶企业重要的无形资产。茶企业品牌的培育和成长不仅需要长期的投资，更需要精心的设计和策划。

7.3.1　茶品牌与商标的概念与作用

7.3.1.1　茶品牌与商标的概念

1．品牌与茶品牌

品牌俗称牌子，是用以识别一个或一群企业的产品或服务，并使之与竞争者的产品或服务区别开来的一种名称、术语、符号、图案、设计或其组合。品牌是一个集合概念，通常由品牌名称与品牌标志组成。品牌名称是指品牌中可以用语言称呼的部分，它主要产生听觉效果。品牌标志是指品牌中不能用语言直接称呼，但可以被识别的那一部分，包括专门设计的符号、颜色、图案等。如天福茗茶，其黑色字体之间红色菱形中一把福字茶壶组成的图案。品牌标志让人一眼就能认出，主要产生视觉效果。

茶品牌是指茶企业或产品的标志和名称，通常包括商标、品牌标志、品牌故事等要素。茶品牌的作用在于将不同的茶产品区分开来，使消费者能够更容易地识别和选择。茶品牌是一个复杂的概念，需要企业在品质、独特性、文化内涵、营销和售后服务等方面进行全面的打造和维护。一个成功的茶品牌不仅可以提高消费者对产品的认知度和信任度，还可以提升企业的知名度和美誉度，增强企业的市场竞争力。

2．品牌与商标的异同

在我国一些有关市场营销学的书籍中，关于商标与品牌概念的界定及其有关阐述很值得商榷：从使用的目的上将两者完全独立，而在谈两者的区别时，谈及最多的区别是品牌或品牌的一部分经注册登记后就成为商标。这是一种误解。商标与品牌一样都是指一种文字、符号、图形或者这些元素的组合体，用于标记产品或服务的所有者，使之与竞争者的产品或服务区别开来；都是一个集合概念，同样包括名称和标志两个部分；是通用的术语，没有本质的区别。我国是世界上最早使用商标的国家之一，早在北宋时期，济南就有一家专造细针的刘家针铺，门前有一石兔，包装上印有白兔标记及“兔儿为记”字样，目的是使本针铺制作的针与其他针铺的针区别开来，便于买者区分识别。商标和品牌两者的英文解释没什么区别。我国商标法中明确商标采取的是自愿注册原则，故而有“注册商标”与“未注册商标”之分。因此，认为品牌注册后就成为商标，显然是不对的。在现代的商业活动中，品牌的概念逐渐代替了商标的概念，于是两者就有了区别，但这区别并非本质的区别。

首先，商标是一个法律术语，是一个法律概念。当企业要将自己的产品或服务与竞争者区别开来，便于买者识别，并希望获取产品或服务及其权益的法律保护时，会为其产品或服务设计一个商标，并向国家商标局申请注册。而品牌是一个商业术语、市场概念。当商标用于市场活动中，成为买者选择、购买的对象时，往往称呼的是品牌或牌子，而非商标。其次，商标注册人可能是法人，也可能是自然人，但品牌使用者一般是法人。最后，申请注册的商标不一定在商业活动中使用。如为了防止竞争，维护企业的利益或形象，可同时在多个行业 / 产品或为同一产品申请注册多个商标，但在商业活动中仅使用一个商标。这种在商业活动中使用的商标就是习惯中所称的“品牌”。

因此，从法律意义上看，商标掌握在企业手中，是否注册、如何注册由企业决定；商标所有权属于企业，属于注册者。但从市场角度看，作为产品或服务的标记，无论称作商标还是品牌，都属于消费者。两者的价值在于消费者是否认同并有多少消费者认同。消费者认同，商标或品牌才有价值，且认同的消费者越多，商标或品牌的价值越大，最终可成长为驰名商标或名牌。因此，本教材以下论及的内容，如没注明皆通指商标或品牌。

3．名牌或驰名商标认证

在我国，名牌或驰名商标有两个基本等级：省级和国家级。到目前为止，国家级品牌认证主要有国家工商行政管理总局授权的中国驰名商标认证，国家质量检验检疫总局（以下简称国家质检总局）授权的中国名牌产品认证和商务部重点培育与发展的出口名牌认证。相应的省级名牌或著名商标是由各省商标局、质检局、商务厅组织认证的。

国家质检总局于 2002 年 1 月发布的《中国名牌产品管理办法》第九条关于申请“中国名牌产品”具体条件的 8 项规定：①符合国家有关法律法规和产业政策的规定。②实物质量在同类产品中处于国内领先地位，并达到国际先进水平；市场占有率、品牌知名度居国内同类产品前列。③年销售额、实现利税、工业成本费用利润率、总资产贡献率居本行业前列。④企业具有先进可靠的生产技术条件和技术设备，技术创新、产品开发能力居行业前列。⑤产品按照采用国际标准或国外先进标准的我国标准组织生产。⑥企业具有完善的计量检测体系和计量保证能力。⑦企业质量管理体系健全并有效运行，未出现重大质量责任事故。⑧企业具有完善的售后服务体系，顾客满意程度高。

国家工商行政管理总局对驰名商标的认定始于 1989 年。当时，为解决北京“同仁堂”在日本遭到恶意抢注的纠纷案，国家工商行政管理总局开始了对驰名商标的认定。一般来说，驰名商标应具备以下条件。

（1）商标设计具有独创性。

（2）商标使用时间较长。

（3）商标所指定的商品或服务项目的质量优良且稳定。

（4）使用商标的商品或服务项目，市场覆盖面大，且销售量大。

（5）该商标的广告投入与商品的销售量或服务收入成正比增加。

（6）在有关国家注册了该商标，并销售使用该商标指定的商品或开展经营服务。

（7）在同行中有很高的知名度和信誉。

（8）为相当范围内的消费者所熟知。

7.3.1.2 茶品牌与商标的作用

品牌与商标是企业的无形资产。一个成功的品牌，能够不断为其所有者带来超额利润。今天的市场竞争，很大程度上就是品牌竞争。市场经济在一定程度上就是名牌经济，市场竞争的最终局面就是名牌瓜分天下。谁拥有名牌，谁就能拥有成功。品牌是打开市场的通行证。今天的市场已明显地向名牌集中。对于茶企业，品牌的作用体现在以下几方面。

（1）有利于购买者识别并选购茶产品。这是品牌的原始功能——识别功能，可以降低消费者选购茶叶的时间成本、精力和风险。

（2）有利于监督质量，促使茶企业保证和提高茶叶产品质量，保护购买者的利益。这是品牌的延伸功能。

（3）有利于广告宣传，促进茶产品销售。品牌的促销功能在市场经济条件下尤为明显。

（4）有利于维护茶企业的正当权益。品牌经注册登记成为注册商标，该茶企业产品及其市场效益就受到法律的保护，可防止他人假冒。

（5）有利于市场细分，培养顾客偏好与顾客忠诚，培养稳定的顾客群。

（6）有利于树立茶企业形象，提高茶企业、产品知名度与美誉度。

（7）有利于提高茶产品附加价值，增加利润。

7.3.2 茶品牌与商标的设计

品牌与商标能否发挥应有的作用，成为不断增值的无形资产并推动茶企业成长，最终被培育成名牌与驰名商标，在很大程度上依赖于品牌与商标的成功设计，即依赖于设计者能否设计出让消费者喜爱并认同的品牌与商标。这是品牌与商标战略的基础性策略。

7.3.2.1 新奇独特

品牌与商标是产品的标志，必须有显著特征。一种茶品牌或商标，代表着该茶叶产品的特性、质量和该茶企业的商誉。品牌的设计无论是文字、图案还是色彩的运用都要创意新颖、构思独特、风格迥异，能突出茶企业的精神风貌、产品特性，使之具有显著的标志性、专用性、提示性。这种特点越强，消费者越易于区分、过目不忘、印象深刻、产生联想、引起兴趣，从而激发消费者的购买欲望。

7.3.2.2 文化创意

“品牌的背后是文化。”没有文化的品牌是不长久的。因为当今或未来消费者消费或购买的已不仅仅是物质的东西，更多的是一种精神文化。注入并能释放有特色的、体现时代精神和浓厚文化底蕴的品牌才是永恒的，它能够对消费者产生不可言喻的魅力和心灵震撼，并能深入人心，走向未来。这就要求在进行品牌商标设计时能用最简单的经过高度浓缩提炼的文字或图案符号，力求体现浓缩茶的人文历史与自然资源优势。

7.3.2.3 美观大方

品牌与商标的标志构图巧妙、形象生动、美观大方，名称设计寓意美好、发音易于上口、悦耳动听，这样的品牌或商标易于引起消费者的注意，能给消费者视觉、听觉以美的享受，对消费者产生强烈的艺术感染力和心灵的震撼，易于建立认同感。

7.3.2.4　简洁明了

品牌与商标设计的图案简洁明了，名称简单、易读、通俗易懂，能传递给消费者明确的信息，易于消费者识别、接受、记忆、准确理解，进而利于消费者产生印象、想象、联想。否则，如果商标品牌的图案、文字复杂难懂，消费者不易辨认、记忆、理解，将影响消费者对茶商品和茶企业的认知。

7.3.2.5　遵循法律规定

品牌与商标设计一定要遵循国家商标法和国际商标法的有关规定。如有关国家的名称、国旗、军旗、国徽不允许用作商标，有关国际国内组织的旗帜、徽记、名称不允许用作商标等。还应符合精神文明、社会道德规范的要求。

7.3.2.6　适应风俗习惯

不同地区的消费者，由于文化、民族特点不同，拥有不同的风俗、习惯及信仰；不同的文字术语、符号、颜色、图案在不同的国家、民族，其意义迥异。因此，在品牌设计中要充分考虑不同消费者的心理要求，适应消费者的喜爱和偏好，尊重消费者的风俗习惯和信仰，避其所忌。不使消费者产生不良印象，避免给企业带来不良后果。关于这一点，有志打入国际市场的茶企业在进行品牌设计时要特别留意。

7.3.3　茶品牌使用策略

为了使品牌与商标在市场营销中更好地发挥作用，必须制定与实施适当的品牌与商标策略。品牌与商标策略是茶企业产品策略的重要组成部分。主要包括以下几种策略。

7.3.3.1　用否策略

在制定品牌与商标策略时，茶企业首先要决策的就是是否使用品牌与商标。使用品牌与商标无疑对于大多数茶产品和企业有着十分重要的意义。而从另一个角度看，使用品牌与商标意味着茶企业要承担相应的责任，如要保持产品质量的稳定，要投入一定的成本费用对品牌进行广告宣传，要履行法律规定的义务等。若茶企业生产经营规模小，无力承担这些责任与费用，就大可不必使用品牌与商标。如果茶企业决定使用商标、品牌，则须进一步进行其他决策。

7.3.3.2 归属策略

茶企业一旦决定使用品牌，就要考虑使用谁的品牌。可以使用制造商的品牌、销售商的品牌，也可混合使用前两者的品牌。财力比较雄厚、生产技术和经营管理水平比较高的茶企业一般都力求使用自己的品牌。但在竞争激烈的市场条件下，短时间创立一个有影响力的品牌并非易事，因此，在有些情况下，茶企业也可考虑使用别的企业已有一定市场信誉的品牌。如：

（1）采用知名度高、美誉度高的销售者的品牌。

（2）采用混合品牌（3 种做法）。①联合品牌策略又称双商标联营，即通过协议，本茶企业和经销商的品牌同时使用，双方均能建立商誉。②并行品牌策略。本茶企业在部分产品上使用自己的品牌，部分产品使用经销商的品牌，以求既能扩大产品销路，又能建立品牌形象。③先后品牌策略。先使用经销商的品牌，待产品在市场上受到欢迎后，再改用自己的品牌。

茶企业使用他人的品牌，尤其是跨国界跨行业的著名品牌，好处是不仅可以利用许可方的名牌效应，快速扩大茶品牌在国际国内市场上的声誉，迅速打开市场，还可获得许可方技术和管理方面的援助，利用许可方销售渠道，减轻企业在这方面的压力；不承担或少承担产品广告宣传上的责任。因此，这种做法也可叫“借船出海”。茶企业应根据自身条件，综合考虑自创品牌和使用他人品牌两种情况下的利弊，反复权衡后，再做决定。

7.3.3.3 统分策略

决定使用本茶企业的品牌与商标，还面临着进一步的品牌与商标策略选择。对于茶企业的所有产品、不同产品线的产品或同一产品线下的不同产品，到底如何使用品牌与商标，有几种策略可供选择。

1. 同一品牌策略

同一品牌策略又称为统一品牌商标策略，即企业所有产品都统一使用同一品牌。采用此策略的好处是，可减少品牌与商标设计费、注册费、续展费等有关费用；做一种品牌与商标的广告宣传可使所有的产品受益，节约大量广告费用，降低促销成本；有助于显示企业实力，塑造企业及品牌形象；同时，如果品牌声誉很高，还有助于新产品推出。不足之处是，某一产品的问题会影响整个品牌形象，危及企业的信誉。因此，在采用该策略时应注意，其仅适用于这种品牌在市场上已获得一定的信誉，且各种产品具有相同的质量水平，否则不宜使用。

2．个别品牌策略

个别品牌策略又称为不同品牌商标策略，指茶企业为不同的产品分别使用不同的品牌商标。采用不同品牌商标策略的优点是：

（1）使茶企业能够针对不同的细分市场需求采取有针对性的营销活动。

（2）使茶企业能够生产不同品质和档次的产品，为企业综合利用资源创造了条件。

（3）使茶企业的整体声誉不会受到个别产品声誉降低的影响。

（4）分散了茶企业使用商标过程中的风险。

（5）有利于茶企业提高生产经营的灵活性。

这种策略的缺点在于，品牌商标较多会影响广告效果，易被遗忘，需要较强的财力支持，因此，一般适宜实力雄厚的大中型企业采用。

3．分类品牌策略

分类品牌策略即茶企业对其不同类产品分别使用不同的品牌。这样，同一类别的产品即同一产品线下的不同产品实行同一品牌策略，以兼具同一品牌和个别品牌策略的益处。

4．多品牌策略

多品牌策略是指茶企业对同一产品使用两个或两个以上的品牌商标。对同一产品不同等级使用不同品牌商标，可以维护企业声誉。如可吸引不同的顾客，提高总的市场占有率。同一产品使用多个品牌与商标，虽然会使原有品牌的销售量减少，但几个品牌加起来的总销售量却可能比原来使用一个品牌时要多。虽然每个品牌都有其鲜明的个性，都有自己的发展空间，但是，品牌并非多多益善。在推出多种品牌时，可能每种品牌都只有很小的市场占有率，而无一种特别获利的，那么采用多品牌策略对该茶企业来说，就是一种资源浪费。茶企业必须淘汰较弱的品牌，集中力量于少数有利的品牌；发展新的品牌，应着眼于更利于打击该企业外部的竞争品牌，而不是企业内部的自相竞争。

5. 家族品牌策略

家族品牌策略即茶企业商号名称加个别品牌策略，又可称作父子品牌。即企业在个别品牌或分类品牌之前分别冠以企业商号名称，故又称双重品牌策略。这一策略兼具统一品牌和个别品牌的优点，同时又避免了统一品牌和个别品牌的缺点。具体来说，可以使茶企业产品系统化，各产品都能享受公司品牌良好的声誉；可通过个别品牌突出产品特色和个性，从而适应不同目标顾客的需要；为发展新产品或新产品线留下品牌空间；某个个别品牌产品一旦出问题，对公司商号影响不至于太大。

对于茶企业来说，使用家族品牌策略有两种情况。其一，在公司内部（如同一个家族），不同茶产品或不同类产品均“姓”公司的商号或主品牌，同时为区分不同茶叶产品或不同类产品，各自又使用自己的品牌，即副品牌；其二，申请注册了地理标志的茶叶产区内的各个茶企业，如果获得该地理标志使用权，其茶叶产品就可以实施家族品牌策略，即在公司品牌之前冠以地理标志。

7.3.3.4 品牌延伸策略

品牌延伸策略又可称为品牌扩展策略。品牌延伸是指茶企业利用其成功品牌的声誉来推出改进产品或新产品。品牌延伸通常有两种做法。

1. 纵向延伸

茶企业先推出某一品牌，成功后，又推出经过改进的该品牌产品；接着，再推出更新的该品牌产品。

2. 横向延伸

把成功的品牌用于新开发的不同产品。品牌延伸可以大幅度降低广告宣传等促销费用，使新产品迅速、顺利地进入市场。这一策略如运用得当，有利于企业的发展和壮大。然而，品牌延伸未必一定成功，还可能淡化甚至损害原品牌的形象，使原品牌的独特性被逐步遗忘。因此，茶企业在品牌延伸决策上应审慎行事，要在调查研究的基础上，分析、评价品牌延伸的效果；在品牌延伸过程中，还应采用各种措施尽可能地降低其对原品牌的冲击。

7.3.4 建立茶产品品牌策略

建立茶产品品牌的策略可以从以下几个方面展开。

7.3.4.1 定位与差异化

一方面，企业需要对茶产品进行明确的定位，确定目标消费群体和市场需求。另一方面，要寻找与竞争对手的差异点，突出自身产品的独特性和优势。例如，可以从茶叶的产地、品种、制作工艺等方面进行差异化，打造独特的品牌形象。

7.3.4.2 品质保证

品质是建立茶产品品牌的基础。企业需要严格控制茶叶的品质，从原料采购到加工制作等各个环节都要保证质量。同时，要通过各种质量认证和奖项来证明自身产品的品质，提高消费者对品牌的信任度。

7.3.4.3 文化内涵

茶文化是中国传统文化的重要组成部分。企业可以通过与文化结合的方式，提升茶产品品牌的附加值。例如，可以推出与传统文化、艺术、诗歌等相关的茶产品，或者举办茶文化讲座、茶艺表演等活动，增加消费者对品牌的认同感和忠诚度。

7.3.4.4 品牌传播

企业需要通过多种渠道进行品牌传播，提高品牌的知名度和美誉度。例如，可以通过广告宣传、社交媒体、线上线下活动等方式进行推广。同时，要注意与消费者的互动和沟通，及时了解消费者的需求和反馈，优化品牌策略。

7.3.4.5 建立品牌形象

企业需要建立独特的品牌形象，包括品牌标志、视觉识别系统等。品牌形象要与产品的品质和定位相符合，能够吸引消费者的眼球并留下深刻印象。同时，企业要保持品牌形象的统一性和持续性，加强消费者对品牌的认知和记忆。

7.3.4.6 优质服务

企业需要提供优质的售后服务和客户关系管理，确保消费者的满意度和忠诚度。对于消费者提出的问题和反馈要及时处理和回应，提供个性化的服务方案，提高消费者的购买体验和复购率。

7.4 茶产品包装策略

近年来，茶的保健功效受到了人们的广泛关注，饮茶越来越成为世界性的消费时尚。与此同时，各茶叶生产企业在市场上的竞争也日趋激烈，角逐的重点除了进一步提高茶叶的品质和卫生质量外，在茶叶的包装方面也大做文章，创新求变。如今，茶产品的包装越来越精美，越来越丰富多彩，已成为茶叶营销活动和茶文化宣传的重要组成部分。

7.4.1 茶产品包装的概念及构成

7.4.1.1 茶产品包装的概念

茶产品包装是指对茶产品进行包装设计和生产的整个过程，其主要目的是保护、美化和宣传茶产品，提高茶产品的附加值和销售量。

7.4.1.2 茶产品包装的构成

茶产品包装的构成主要包括以下几个部分。

1. 外包装

外包装是茶产品最外层的包装，主要起到保护、装饰和宣传的作用。外包装一般采用纸盒、塑料盒、木盒等材料制成，根据产品的大小和形状进行设计。外包装上通常会印有品牌标志、产品名称、生产厂家等信息，以突出产品的品牌形象和特点。

2. 内包装

内包装是直接接触茶叶的包装，一般采用铝箔、塑料薄膜、纸等材料制成。内包装的主要作用是防止茶叶受潮、氧化和异味污染，保持茶叶的品质和风味。内包装一般为密封包装，方便消费者开启和保存。

3. 标签标识

标签标识是茶产品包装的重要组成部分，包括产品标签、说明标签和警告标签等。标签标识上通常会注明产品名称、规格、生产日期、保质期、使用方法等信息，以帮助消费者了解和使用产品。

4. 附件

茶产品包装的附件包括合格证、检验报告、说明书等，用于提供产品的详细信息和说明，帮助消费者更好地了解和使用产品。

7.4.2　茶产品包装的作用

大多数商品都离不开包装，包装是产品整体概念的重要组成部分。就茶产品而言，由于产品的特殊性，普遍讲究文化品位，而且大多品质不稳定，易劣变等，因此，包装的意义就非同一般，具体体现在以下几个方面。

7.4.2.1　保护茶商品，便于储运

这是产品包装最基本的功能。虽然各种包装材料性能不一，但大都具有一定的隔绝空气、防潮湿、避高温、防异味、防阳光直射的作用，这对于保持茶产品在储运和货架存放期的品质稳定，延缓劣变速度有一定效果。尤其当茶产品包装工序结合保鲜技术，如抽气充氮包装、真空包装等，这一效果尤为明显。另外，胶合箱、原木板箱等大包装，除了保护作用，还有利于茶叶的运输和装卸作业。

7.4.2.2　便于携带

为消费者提供方便，也是包装的功能之一。例如，目前我国名茶产品普遍采用的礼盒外套礼品袋的包装方式，不仅美观大方，而且便于消费者随身携带。

7.4.2.3 商品展示功能

茶叶销售包装上，品名、等级、数量、生产厂家和保质期等文字信息，不仅能给顾客提供选购向导，而且有助于其了解产品特色，具有商品展示效果。而品牌的标志、图案和色彩则构成了产品的直观形象，有助于顾客在琳琅满目的货架中，快速地辨认出自己喜爱的商品。

7.4.2.4 美化产品外观，产生宣传和促销效果

一个精美别致的茶产品包装，不仅能给人以美的享受，而且在超市不断出现和销售方式改变的今天，能直接刺激消费者的购买欲望，从而达到促进销售的目的，起到无声售货员的作用。好的茶产品包装具有收藏价值，也可作为复用包装再次使用。在节约资源的同时，复用包装还能加深消费者对产品的印象，强化包装的宣传效果。

7.4.3 茶产品包装的设计原则

包装是茶叶产品的“外衣”，因此，包装设计，尤其是销售包装设计，其重要性是显而易见的。总体而言，茶产品包装设计应符合科学、经济、牢固、美观、适销的原则。

7.4.3.1 茶产品包装的材料设计

不论采用何种包装，其材料的选用必须对茶叶起到防潮、隔气、遮光的作用。由于保持货架期品质的稳定是茶产品赢得市场信誉的重要条件，而各种包装材料的透湿、透气等物理性能不一，防止茶叶劣变的效果也就大不相同。因此，应把功能性作为茶产品包装材料设计的首要考虑条件，即在确保包装材料无毒、无味、符合国家卫生标准、成本合理的前提下，优先采用保鲜性能好的材料。过去商业零售部门一般用食品塑料袋、纸盒等作为包装材料，高档茶叶用铁盒装。随着材料工业的发展，茶产品包装用材料发生了很大变化。更新换代的包装具有较高的性价比。近年来多层复合材料的出现，使抽气充氮、真空包装等茶叶保鲜技术走上了实用、普及的阶段，如铝塑复合膜被认为是当前茶叶小包装材料中，防潮、阻氧、保香性能俱佳的一种，具有较高实用

价值。

7.4.3.2　茶产品包装的造型设计

茶产品包装的造型包括包装形状、包装大小和包装结构等方面。

1. 包装形状

茶产品包装的形状不仅应能美化产品的外观，对用户有吸引力，而且应根据目标市场的特点，体现设计特色。例如，对老年消费群体，包装形状应突出古朴、庄重和典雅的特点；而对青年群体，则宜体现清新、雅致、时尚的格调。

2. 包装大小

茶产品包装大小的设计，主要受目标顾客的购买习惯、习俗及购买力大小的影响。从消费者角度，由于包装拆封后，会加速茶叶陈化劣变，故希望茶包装尽可能小型化。然而，就生产厂家而言，小型化意味着包装成本的增加，因此，需要在包装的经济性和适用性上作出权衡。一般来说，高档茶适宜小型化包装，如 25g 一件、50g 一件、100g 一件等，而中低档茶则用相对较大的包装单元，如 250g 一件、500g 一件等。

3. 包装结构

茶叶包装的构造设计，一方面要突出茶类产品的特点，另一方面应有鲜明的特色，以便给消费者留下深刻印象。包装构造往往最能体现出设计创意，如茶叶礼盒包装的开盒方式的不同，有的采用“书本式”，有的则采用“抽屉式”等。

7.4.3.3　茶产品包装的色彩和图案设计

色彩是包装形象中的一种最直接视觉效果，如果色彩搭配得当，使消费者看后有一种赏心悦目之感，便能引起消费者的注意。但必须注意的是，茶产品包装的色彩不能一味追求花哨，而应力求少而精，或简洁明快，或清新淡雅，总之，既要体现茶文化品位，也要充分考虑色彩和整体风格的统一。

此外，包装色彩必须符合茶叶品种的特点，以体现外在美和内在美的完美统一。一般来说，绿茶用绿色、蓝色等冷色调为好，它给人宁静、清爽的感受；红茶选用沉着、饱和的暖色调为佳，它让人有浓郁、味厚的联想；花茶用色宜清淡、柔和；青茶用色宜质朴、深沉等。

图案设计的基本原则与色彩设计相似。至于具体用何种图案，用摄影还是绘画等，则应根据产品特色，兼顾美观性要求。此外，为了突出茶包装的文化底蕴，往往需要对图案做淡化处理。

7.4.3.4 茶产品包装的文字设计

为了使人一目了然，茶产品包装的文字一定要简洁、明了，充分体现商品属性，不宜用过于烦琐的字体和不易辨认的文字。同时，文字是包装整体美的一部分，因此对字体的选择很有讲究。

另外，茶包装设计必须符合有关标准，如国家市场监督管理总局于 2021 年 8 月发布的国家标准 GB 23350-2021《限制商品过度包装要求　食品和化妆品》中，规定包装空隙率、包装层数和包装成本要求等。

7.4.4 茶产品包装策略

包装作为“品牌形象代言人”，是茶产品策略中不可或缺的组成部分，但我国不少茶企业并未真正懂得如何合理使用包装，不是得过且过、随大流，就是一味求新求异、赶时髦，往往顾了茶叶，顾不上包装，顾了包装，又顾不上品牌，造成“一流产品，二流包装，三流品牌”的尴尬现象。可见，正确制定茶产品包装策略有着重要现实意义。常用的包装策略有以下几种。

7.4.4.1 类似包装策略

茶企业对其生产的各种产品采用相同的图案、近似的色彩、相同的包装材料和相同的造型进行包装。此种包装策略的优势是，便于顾客识别出本企业产品。采用这一策略的主要目的是借助相同或相似包装，强化品牌形象，进一步壮大产品的市场声势。此外，企业还可因此而节省包装的设计、制作费用。但这种包装策略也存在不足，两种茶叶产品，如同一家公司经营的龙井和碧螺春茶，如果在缺乏品牌知名度的情况下采用相似包装，可能会造成产品概念的模糊，反而会因不利于宣传各自的品质特色而影响到销售。此外，等级差异过大的两种茶产品，如龙井茶与龙井茶末，也不宜采用相似包装。

7.4.4.2　配套包装策略

按消费习惯，将数种有关联的产品配套包装在一起成套供应，便于消费者购买、使用和携带，同时还可扩大产品的销售。在配套产品中加入某种新产品，可使消费者不知不觉地习惯使用新产品，有利于新产品上市和普及。例如，为了促进速溶茶的推广，市场上曾出现过速溶茶和矿泉水的配套包装方式。

7.4.4.3　再使用包装策略

再使用包装也称复用包装，是指包装内的产品使用完后，包装物还有其他的用途。例如，用于名茶包装的精美礼品盒，往往可作为工艺品用于家居摆设；又如，铁罐、纸罐等茶叶包装物可反复用于盛装茶叶和其他食品。这种包装策略可使消费者体验一物多用的益处而引起其购买欲望，而且空包装物还能起到广告宣传作用。

7.4.4.4　附赠包装策略

附赠包装是指商品包装物中附赠奖券或实物，或包装本身可以换取礼品。例如，不少名茶产品的包装礼盒内有紫砂壶、玻璃茶杯等附赠品。这种策略对于引起顾客兴趣、扩大销售有一定作用。

7.4.4.5　改变包装策略

改变包装即改变和放弃原有的产品包装，改用新的包装。包装是展示企业创新活力的舞台。尤其对于实力有限的茶企业而言，开发具有较高技术含量的新产品难度不小，因而，“舍本求末”，多做些包装上的文章，有时反能收到较好的效果。包装设计的创新效果一目了然，无须广告宣传，往往不失为一种投入少、见效快的产品创新思路。当然，包装的创新应把确保产品内在质量作为根本前提，不能滥用，否则“金玉其外，败絮其中”，只会损害企业形象，使企业丧失信誉。

7.5 茶产品生命周期理论

某一种茶产品在市场上的销售情况及其获利能力随着时间的推移而变化。茶产品这种变化的规律就像人和其他生物的生命一样，经历从诞生、成长到成熟，最终走向衰亡的周期性变化。因此，研究茶产品生命周期，把握茶产品在市场上的生命规律和特点，以便制定合理的、动态的产品策略，使茶产品具有较为理想的生命周期形态，在生命周期内保持良好的销售状况和获利能力，这对保证茶企业良好的生存与发展有重要的意义。

7.5.1 茶产品生命周期概念

茶叶产品生命周期指茶叶产品在研制开发成功之后，从投放市场到最后被市场淘汰所经历的全部销售历程。它所描述的是某一品种茶产品在市场上的销售量和利润随时间的推移而经历的变化，所以又可以称为茶产品市场生命周期或茶产品经济生命周期。

茶产品的生命周期是指茶产品的市场寿命，而不是茶产品的自然生命或使用寿命。茶产品经过研究开发、试销，然后进入市场，其市场生命周期就开始了。茶产品被消费者拒绝或淘汰，退出市场，则标志着茶产品生命周期的结束。

图 7-1 是一个典型的茶产品生命周期曲线。一个典型的茶产品生命周期可以划分为四个不同阶段：投入期、成长期、成熟期及衰退期。

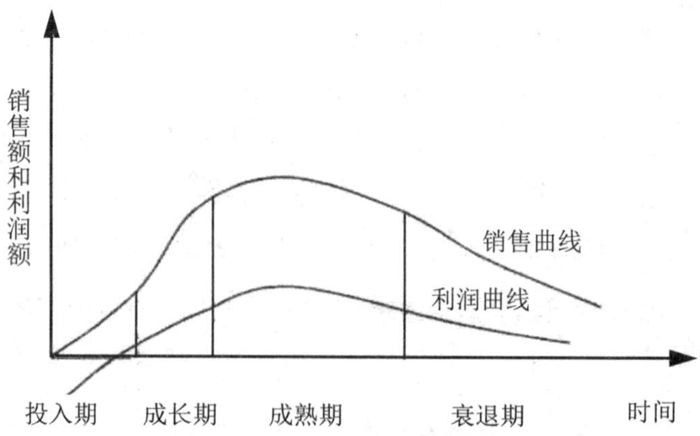

图 7-1 茶产品生命周期

在现实市场上，不是所有茶产品的生命周期都完全符合上述理论形态或有明显的四个阶段。当某一种茶产品销售进入衰退期，企业经过努力有可能使其再次进入成长期，从而形成产品生命周期的再循环。另外，因种种因素的作用，茶产品生命周期各阶段的长短不一样。也就是说，技术、市场竞争、消费者需求、社会时尚等因素以及企业的营销能力会影响并制约茶产品生命周期各阶段的状况、长短、形态。

7.5.2　茶产品生命周期形态特点及再循环理论

7.5.2.1　茶产品生命周期形态特点

1. 投入期

投入期又称为导入期、介绍期。茶叶新产品一旦投入市场便进入投入期。在茶产品投入阶段，大部分消费者由于以往的消费习惯或对茶叶新产品缺乏了解，并不会很快购买新产品。只有少数追求新奇的顾客才会购买。这时的茶产品销售量低且增长缓慢。如 20 世纪 90 年代即饮式茶饮料刚投入市场之后的一段时间，就是如此。一方面，销量少，单位成本高；另一方面，建立销售渠道和市场推广促销需要企业耗费大量的费用，因此，这个阶段几乎没有利润产生，甚至亏损，并且竞争者较少。

2. 成长期

成长期的标志是销售量迅速增长。当茶产品在投入期销售初步取得成功之后，便进入成长期。如即饮式茶饮料在成长期时，由于熟悉该产品的消费者逐渐增多，大量的新顾客开始购买即饮式茶饮料，其销售量快速上升，生产规模逐渐扩大，产品成本逐步降低，利润大幅度增长。此时，竞争者看到新产品有利可图，开始纷纷进入市场参与竞争，并随着市场需求的扩大，竞争者会逐渐增多。如进入 21 世纪之后，随着即饮式茶饮料市场需求的扩大，利润大幅度增加，生产厂家由 20 世纪 90 年代的几家逐渐发展到目前的几十家。这一阶段，茶企业为应对竞争和市场扩张，需要维持或增加销售网点建设和促销等费用。

3. 成熟期

在成熟期，由于茶产品逐渐被大部分潜在顾客接受，市场需求逐渐趋于饱和，销售增长放缓。如无新购买者则销售增长率将停滞至饱和点；如果顾客开始转向其他新的茶产品或替代品，则销售量会转而下降。这一阶段，往往是整个生命周期中最长的阶段。由于市场需求逐渐趋于饱和，使得整个行业生产能力过剩，导致竞争逐渐加剧。因此，用于抵制竞争的营销费用也在不断增加，导致利润趋于持平，甚至会下降。一些缺乏竞争力的茶企业在此阶段开始退出。

4. 衰退期

此阶段，随着科学技术的进步，茶叶新产品或更好的替代品的出现，加之消费者需求的转变，使顾客退出原产品的购买与消费，转向茶叶新产品而使原茶产品销售量下降的趋势增强，并且导致利润不断下降；同时，多数该茶产品企业因无利可图也将逐渐退出该市场的竞争；留在市场上的茶企业会逐渐减少茶产品附带服务，削减促销费用，以维持低水平的经营。

7.5.2.2 茶产品生命周期的再循环理论

茶产品生命周期的再循环理论是指茶产品从生产、销售到废弃的整个过程中，通过合理的策略和措施，实现资源的再利用和环境的可持续发展。这个理论主要涉及以下几个方面的内容。

1. 生产环节

在茶产品的生产环节，需要采用环保和可持续的生产方式，减少对自然资源的过度开发和浪费。例如，可以推广有机茶叶种植、节能减排等措施，提高生产效率和资源利用率。

2. 销售环节

在茶产品的销售环节，需要采用合理的销售策略和渠道，减少库存和浪费。例如，可以通过精准营销、定制化生产等方式，满足消费者需求，降低生产和销售成本。

3. 废弃环节

在茶产品的废弃环节，需要采取合理的废弃物处理和回收措施，减少对环境的污染和资源的浪费。例如，可以推广茶叶渣的再利用、包装材料的回收再利用等措施，实现资源的循环利用。

7.5.3　茶产品生命周期各阶段营销对策

7.5.3.1　投入期市场营销对策

基于茶叶新产品刚投入市场及其该阶段的特点，茶企业需要制定合理的价格，建立完善的分销渠道，开展有效的促销活动介绍茶叶新产品，吸引消费者试用，加速茶叶新产品市场推广，以缩短利润低亏时期。若仅考虑促销和价格两个因素，茶企业可在以下四种策略中择一而行。

1. 快速撇脂策略

这种策略采用高价格和高促销费用的措施推出茶叶新产品，以求迅速打入市场赚取较高利润。采用这种策略的市场条件是：该茶产品质量优异；目标顾客具有求新心理，急于求购，并且愿意按价购买；茶企业面临潜在竞争者的威胁，需要及早树立名牌。

2. 缓慢撇脂策略

即以高价格和低促销费用的措施推出茶叶新产品，以求得更多的利润。这种策略可以在茶产品质量优异、不易仿制或具有专利权，市场面比较小，购买者愿意出高价格，潜在竞争威胁不大的市场环境下使用。

3. 快速渗透策略

即实行低价格和高促销费用的措施推出茶叶新产品。目的在于加快市场渗透，取得尽可能高的市场占有率。在市场容量很大、消费者对价格非常敏感、潜在竞争激烈、茶企业随着生产规模的扩大可以降低单位生产成本的情况下适合采用这种策略。

4. 缓慢渗透策略

这种策略是以低价格配合低促销费用来推出茶叶新产品。目的在于以低价促使消费者接受茶叶新产品，阻止竞争者对市场进行渗透。这种策略适用于市场容量很大、消费者对价格很敏感并且存在潜在竞争者的市场环境。

7.5.3.2　成长期市场营销策略

进入成长期以后，早期的购买者对茶叶新产品重复购买，并且带来了新的顾客，销售量激增，企业利润迅速增长。在利润的吸引下，新的竞争者会投入竞争。随着竞争的加剧，新茶叶产品开始出现，市场开始细分，分销渠道增加。茶企业为维持其市场增长率，获取更大利润的时间得以延长，可采取以下几种策略。

1. 改善产品品质

保证并改善茶产品质量，以提高茶产品的竞争能力，更好地满足顾客需求，从而吸引更多的顾客。

2. 加强促销活动

努力扩大销售网点，拓展市场。

3. 改变广告宣传的重点

把广告宣传的重点从介绍茶产品转到建立茶产品形象上来，树立品牌，增强顾客对茶产品的信任和偏爱，使茶产品形象深入顾客心中，维系老顾客，吸引新顾客。

7.5.3.3 成熟期市场营销策略

茶产品进入成熟期以后，销售量增长缓慢，逐步达到最高峰，然后缓慢下降。产品销量的下降，导致产品生产过剩，生产过剩又会导致更激烈的市场竞争，进而促使价格下跌或增加促销费用，最终导致市场整体利润的平均水平下降。

对成熟期的茶产品，只能用主动出击的策略，使其成熟期延长，或使产品生命周期出现再次循环。为此，可以采取以下 3 种策略。

1. 改变市场

这种策略不是要调整茶产品本身，而是通过开拓新的茶叶细分市场，把茶产品引入尚未使用过这种产品的地域或新的消费群体，使该茶产品拥有新的购买者；或者是发现该茶产品的新用途，并应用于其他的领域，培育新的消费群体，以使产品的成熟期延长，或使产品生命周期出现再次循环。

2. 改变产品

改变产品是指改变茶产品的主要属性，向消费者提供新的利益来吸引新的购买者，增加产品的销售量。改变产品策略又称为“产品再推出”。凡是整体产品概念任何一个层次的改变，都应看作是产品的再推出。主要做法：第一，改变产品的实体部分（如提高产品质量、增加新的功能、形成新的款式）来向消费者提供新的利益。重点是要发现该茶产品的新用途，并应用于其他的领域，以使该茶产品的生命周期延长。例如，茶与饮料的结合、茶与食品的结合、茶与保健品的结合、茶与药物的结合、茶与文化的结合等。如果顾客对茶产品质量的改进持信任态度，且有足够的顾客对质量改进的茶产品反应强烈，便可以对茶产品质量进行改良，如提高茶叶的耐泡性、改进茶叶的色香味形等。第二，扩大和延伸产品的使用功能，提高产品品位，提高产品使用的舒适性、享受性等，这也是产品改良的重要内容。随着社会的发展，人们对美的追求、对精神的追求越来越强烈，因此改变茶产品外观、包装等，可增强美感和观赏性，对提高茶产品的竞争能力所起的作用会越来越大。第三，服务是茶产品的主要组成部分之一，提供新的服务也是茶产品改良策略的重要内容。如定期为老顾客和社会公众增加一些诸如茶文化、茶艺等的配套培训服务，对提高本企业茶产品的竞争力、扩大产品销售具有促进作用。

3．改变市场营销组合

市场营销因素组合改良就是根据茶产品在成熟期的特点来重新调整定价、分销渠道及促销的组合方式，以延长该茶产品市场成熟期。茶企业市场营销组合不是一成不变的，它应随着茶企业内外环境的变化作出相应的调整。茶产品进入成熟期后，各种内部条件和外部环境将发生重大变化，因而市场营销组合也要有一个重大的调整。一般是通过改变一个因素或几个因素的组合方式来刺激或扩大消费者的购买，刺激销售量的回升。例如，茶产品品质不变，但降低价格、扩大销售渠道，便可以从竞争者那里吸引一部分购买者。即使改变营销因素组合策略简便易行，也必须注意，在改变策略前要进行充分调查、分析市场，执行决策时必须迅速果断。

7.5.3.4　衰退期市场营销策略

大部分茶产品进入衰退期后，销售量会下降。有的产品销售量会很快下降为零；有些茶产品销售量下降到某个水平后，可能会再维持好几年才退出市场。这一时期，虽然市场需求大幅度减少，但由于大部分竞争对手都退出了市场，继续留在市场的茶企业反而能保持一定规模的销售量，甚至略有增加。针对这些特点，茶企业在准备研发新产品的同时，对将要衰退的茶产品可以采取的营销策略有以下几种。

1．连续策略

按照原来的营销计划继续生产销售该茶产品，以继续为仍愿意消费该茶产品的顾客服务，直至这种产品完全退出市场。

2．集中策略

茶企业把资源集中到该茶产品最有利的细分市场部分，缩小经营范围，从小范围的经营中获利。

3．榨取策略

茶企业继续生产销售该茶产品，但极力降低推销费用，减少推销人员，最大限度地利用该茶产品，增加眼前利润。

4．放弃策略

对于衰落比较迅速的茶产品，或维持衰退的该茶产品代价太大，影响本企业的声誉，损害本企业的形象，削弱本企业未来的竞争力，就应当机立断，弃旧图新，及时实现产品的更新换代。可以采取完全放弃的方式：一是通过转让把该茶产品的专利权、生产设备等卖给其他地区的企业，从中收取一定的资金以便迅速而有秩序地转向其他经营项目。二是立即停止生产。也可以采取逐步放弃的方式，使其所占用的资源逐步转向其他产品。

7.6 新茶产品开发与扩散

科学技术的飞速发展、消费水平的不断提高和消费需求的个性化，不仅使得产品的种类越来越丰富，而且产品从发明到创造、使用以至淘汰，周期越来越短。因此，不断研究和开发新产品已成为企业永葆竞争活力的关键所在。我国古代兵法主张在战争中要“出奇制胜”，这个思想移植到商战中就是要不断创新，做到“人无我有，人有我廉，人廉我新，人新我转”。产品创新已成为企业经营的常态。

茶产品升级换代步伐虽不能和IT等新兴产业相比拟，但在当前激烈的市场竞争环境下，即使作为传统行业，茶产品也必须求新求变，否则，很难拥有生存和发展的空间。可以说，产品的开发与创新是茶业迎合消费需求的秘诀，新产品策略是茶叶市场营销组合的重要部分。

7.6.1　新茶产品的概念及类型

7.6.1.1　新茶产品的概念

新茶产品指的是在茶行业内，新开发、新上市的产品。这些产品通常具有新的口感、新的配方、新的包装设计等特点，能够吸引消费者的注意力和激发购买欲望。新茶产品可以是基于现有产品的改进或升级，也可以是全新的产品线。在茶行业，随着消费者需求的不断变化和市场竞争的加剧，新茶产品的推出对于企业而言变得越来越重要。通过不断创新和改进，企业可以推出更符合市场需求的新茶产品，以提高品牌知名度和市场份额。同时，新茶产品的推出也有助于推动整个茶行业的创新和发展。

7.6.1.2　新茶产品的类型

新茶产品的类型非常多，以下是一些常见的新茶产品类型。

1．新型茶叶

随着科技的发展，茶叶的加工工艺和品质得到了不断提升。一些新型茶叶如绿茶粉、红茶晶等被开发出来，这些产品口感和品质各异，具有独特的卖点。

2．茶饮料

茶饮料是在茶叶的基础上加工制作而成的，其口感和品质与茶叶本身有关。新茶饮料的口味和配方不断涌现，如低糖、低卡路里的茶饮料等。

3．茶食品

茶食品是以茶叶为主要原料制作的食品，如茶月饼、茶巧克力等。这些产品将茶叶的清香和口感融入食品中，深受消费者喜爱。

4．功能性茶产品

功能性茶产品是在茶叶中添加一些有益成分，如维生素、中草药等，以增强其保健功能。例如，添加益生菌的茶饮料具有帮助调节肠胃功能的作用。

5．跨界合作产品

跨界合作产品是将茶叶与其他行业的产品进行结合，创造出新的产品形态。例如，与时尚品牌合作的限量版茶饮料、与餐饮品牌合作的茶主题餐厅等。

7.6.2 新茶产品开发的意义

当今时代，唯一不变的事情就是变化，创新已成为时代发展的主旋律。开发茶叶新产品对茶叶行业、茶企业以及消费者和市场都有着举足轻重的影响。

7.6.2.1 有利于提高茶类产品的整体市场竞争实力

当今饮料市场，竞争愈演愈烈，面对可乐、雪碧、速溶咖啡等“洋饮料”的冲击，茶叶行业只有不断推出有竞争力的新产品，拓展产品线的广度和深度，充分满足不同消费市场的需求，才可能获得更广阔的生存和发展空间，不断壮大行业规模。

此外，新产品的开发还有利于提高茶类产品的质量效益，因为，新产品往往需借助于新的生产工艺和设备，或是形成全新的产品形态，或是提高了原有产品的质量、性能，或是降低了生产成本，总之，其生产过程大多有新的技术因素介入。从这一意义上讲，茶叶新产品开发越多，茶叶行业的技术含量就越高，越能适应现代消费市场的需求，茶业的竞争力也就越强。

茶饮料在国内市场的迅速崛起，可谓是这方面的一个典型例子。从 20 世纪 90 年代初起，经过 10 多年的发展，目前，以茶饮料为代表的我国茶叶深加工产业已达到年产值 10 亿元左右的规模，相当于所有传统茶叶产品的产值总和。这类茶叶新产品的闪亮登场，抢占市场，无论是从数量规模，还是质量效益上，对于提升茶类产品的整体竞争力，其意义都是不言而喻的。

7.6.2.2 有利于茶企业以创新为契机，增强自身的实力，加快发展

茶叶商品是茶叶市场营销组合的基础。如果茶企业不能适应茶叶市场营销环境和消费者需求的变化，盲目进行产品的改进和创新，无论企业领导人本事有多大、拥有多少雄厚资金，都难以生存和发展。

新产品开发既是茶企业富有活力和竞争力的表现，同时，成功实施新产品开发项目，也往往给企业带来重大发展契机，对企业的促动效果是多方面的。首先，通过新产品这种独特资源，企业可以在一定市场范围内，实现垄断优势，从而获取更多的利润，促进企业成长，积累发展后劲，同时也有

利于维护企业的竞争优势和竞争地位。其次，新产品的开发有利于企业提高对市场营销环境的灵活应变能力，更好地适应市场需求导向。最后，新产品的开发能提高企业产品组合的技术含量。此外，当企业的生产、经营能力有剩余时，可作为一种有效地提高其生产和经营能力利用率的手段。同时，新产品的开发也有利于塑造企业"积极进取"的良好形象，从而提高市场声誉等。

7.6.2.3　开发茶叶新产品有利于改善茶叶消费结构，提高消费水平

新产品开发通过增加茶叶商品的花色品种，从多方面、多层次满足消费者的多样化和个性化需求，增强消费者对茶类产品的认知度。产品的创新和质量改进，还有助于提升消费者的需求档次，改善茶叶消费结构；而诸如茶饮料、茶叶食品等茶制品的面市，有助于培养青年人的饮茶习惯，从而促进茶叶消费群体的不断扩大。

除了产生经济效益之外，茶叶新产品的开发还具有广泛的社会效益。比如，开发新产品有助于培养茶叶创新人才。此外，新产品在开发过程中，企业往往需要外部技术力量的支持，通过与科研单位、大专院校的协作，促进了产、学、研的紧密结合，提高了科技成果的转化率。

强调开发茶叶新产品重要意义的同时，不能忽视这项工作的风险性。尤其就一个具体的新产品项目而言，能否成功实现预期目标，将面临很多不确定因素。一旦决策失误或因意外情况导致开发工作中途夭折，将会给企业带来资金和人力、物力上的难以挽回的损失。为了提高成功率，茶企业应该把新产品开发当作一项系统工程，兼顾各种内外部条件，因地制宜，有的放矢地制订和实施新产品计划。在产品项目的选择上，既要从有无市场、有无特色以及预期经济社会效益等多方面对各种备选方案进行客观的评估和筛选，又要量力而行，考虑到企业本身的条件和承受能力，切忌凭一时冲动，贪多图快，盲目上马。在此基础上，须按适当的方式和一定的程序规范来实施新产品项目。

7.6.3　新茶产品开发的途径

采用什么样的方式开发新产品，也是茶企业进行新产品开发时需要解决的

重要问题。一般有 4 种途径可供企业选择。

7.6.3.1 独立研制

这是企业依靠自己的科研、技术力量研究开发新产品的方式。这种方式可以密切结合本企业特点，使本企业在某一方面具有领先地位。由于我国茶企业大多规模小、实力有限，而独立研制需要较多的研制费用，因此，除了少数研发力量雄厚的茶类产品生产企业外，一般只在新产品开发仅出于产品系列化的目的，且新产品与现有产品在设计原理、使用设备、工艺、材料方面密切相关时，才适宜采用这种方式。

7.6.3.2 技术引进

从国外引进先进技术来开发新产品，此种方式通常被认为是省钱、省力、经济、高效的产品开发方式。例如，20 世纪 80 年代后期，浙江三明公司通过补偿贸易方式从日本引进蒸青茶生产流水线，此举开我国用现代化设备生产蒸青绿茶之先河，不仅使三明公司的生产和经营迅速走上规模化道路，而且以其示范效应，带动我国蒸青茶生产规模的不断扩大，促进了出口绿茶产品结构的升级，成效十分显著。

当然，就技术引进单位而言，必须具备参与国际技术贸易的能力。茶叶行业的众多中小企业由于资金、信息渠道等方面的限制，能从国外获取的技术资源十分有限。即使是有条件的企业，为了提高引进技术的成功率，也必须对技术的成熟度、先进性、适用性及经济性进行充分的论证，切忌盲目引进。

7.6.3.3 独立研制与技术引进相结合

在开发新产品的方式上采取两条腿走路的方针，既重视独立研制，又重视技术引进，将两者结合，既有利于节约资金，又有利于引进技术的消化、吸收与创新。实践证明，这是提高新产品成功率、拓展企业产品线的一条好路子。例如，我国 20 世纪 80 年代引进袋泡茶生产技术，先通过样品仿制，实现袋泡茶滤纸材料的国产化；再通过消化吸收，进一步实现袋泡茶生产机械的国产化。这就大大提高了国内袋泡茶的生产开发能力，并减少了对进口的依赖，节省了生产成本。

7.6.3.4　协作研制

协作研制是企业与企业、企业与科研单位、企业与高等院校之间的协作。这种开发方式，有利于充分利用社会的科研力量，弥补企业力量的不足；有利于把科技成果迅速转化为生产力，并使其商品化，加速新产品的开发进程。实践证明，这一“短平快”的方式对于面临复杂多变市场环境的茶企业而言，是十分适宜的。

企业选择上述开发方式时，除考虑自身具备的条件外，还需结合新产品的开发目标和开发战略。例如，当企业以“领先竞争对手”为目标，采取“追求产品创新性”的冒险型战略时，宜选择自主开发、协作开发或技术引进的方式；以“抢占市场占有率”为目标，采取“产品改进型创新为主”的进取战略时，宜选择自主开发方式；而以“维持或提高市场占有率”为目标，采取“在市场较成熟前提下，开发模仿型新产品”的紧跟战略时，宜选择自主开发或协作开发方式。

【本章小结】

茶产品是营销组合中的首要因素，茶产品决策直接影响和决定着价格、渠道、促销的决策。因此，茶产品策略是整个营销组合的基石，关系到茶企业市场营销的成败。在现代市场经济条件下，每一个茶企业都应致力于茶叶产品品质的提高、品牌的创建、组合结构的优化，随着茶产品生命周期的发展变化，灵活调整市场营销方案，适时研发茶叶新产品代替衰落产品，以满足茶叶市场的需要，并取得更好的经济效益。

市场营销学中的茶产品是指能够为目标顾客带来价值并满足他们需要的茶叶相关物品，往往同时包含有形的物品和无形的服务两个部分。如果消费者需求的满足主要源自茶叶产品的有形部分，则该茶产品可称为有形茶产品，即通常所说的“茶产品”；如果消费者需求的满足主要源自无形服务，则该产品可称为无形服务产品，即通常所说的“服务”。茶叶产品整体可以被细分为不同层次，最常见的有三层次和五层次两种。整体的茶叶产品概念，强调消费者对茶叶产品的满足程度，既取决于几个层次中的每一层的水平，也取决于产品整体组合效果；指出了茶叶产品设计的原则和拓宽发展的方向。

茶产品生命周期指茶叶产品在研制开发成功之后，从投放市场到最后被市场淘汰所经历的全部销售历程。通常包括四个阶段：投入期、成长期、成熟期和衰退期。某一种茶产品在其生命周期的不同阶段，其销售情况、成本及其获利能力是不同的。研究茶产品生命周期，把握茶产品在市场上的生命规律和特点，有利于制定合理的、动态的产品策略，在生命周期内保持良好的销售状况和获利能力，这对保证茶企业良好的生存与发展有重要的意义。

茶企业的产品组合也称产品搭配。指一个茶企业生产和销售的全部产品的组合方式，它通常由几种产品线组成。茶企业在生产经营活动中，必须依据市场需求和自身实力，从产品组合的宽度、长度、深度、相关程度及档次几方面进行动态的产品组合，即优化产品组合，这是茶企业进行产品组合决策的主要内容。

市场营销观念上的茶叶新产品是一个广泛的概念，可从不同角度进行分类，如按产品空间可分为世界、国家、地区和企业等的新产品；按茶产品研究开发程度和产品创新内容，又可分为全新产品、改进型新产品、模仿型新产品、形成系列型新产品、降低成本型新产品和重新定位型新产品等。开发茶叶新产品有着重要意义，如提高茶企业的市场竞争力，扩大茶类产品的消费群体等。为了提高成功率、降低风险，茶企业应根据自身条件，结合新产品的开发目标和开发战略，采用适当的新产品开发方式，如独立研制、技术引进、独立研制与技术引进、协作研制等。新产品开发须按一定的程序规范来进行。

茶叶包装是茶叶产品整体概念的重要组成部分，是“产品品牌的形象代言人”。茶叶包装按功能分为运输包装和销售包装两大类。同一类别的包装又可从不同角度进行细分。包装设计是发挥包装效果的基础，包括包装材料设计、造型设计、色彩和图案设计、文字设计等方面。包装设计首先必须适合茶类商品的特点，突出茶的个性和文化品位，还须满足经济、牢固、美观、适销的要求。茶企业必须懂得包装策略的合理运用。常用的包装策略有类似包装策略、配套包装策略、再使用包装策略、附赠包装策略和改变包装策略等。

茶企业的品牌是其产品战略中的一个主要课题，是茶产品整体的一个重要组成部分，是茶企业重要的无形资产。茶企业品牌的培育和成长需要长期的投资，更需要精心的设计和策划。商标与品牌一样都是指一种文字、符号、图形或者这些元素的结合体，用于标记产品或服务的所有者，使之与竞争者的产品或服务区别开来。在我国，名牌或驰名商标有两个基本等级：省级和国家级。相应的省级名牌或著名商标是由各省商标局、质检局、商务厅组织认证的。按照构成元素、所有者、使用目的、是否注册，品牌与商标可分为不同类型。当今谁拥有名牌，谁就拥有成功。这在很大程度上，依赖于品牌与商标的成功设计与策略的制定实施。因此，茶叶品牌商标设计应遵从新奇独特、文化创意、简洁明了、美观大方、遵俗守法原则，茶叶品牌商标的策略包括使用、培育、维护几方面。

第8章　茶叶销售沟通与促销策略

8.1　茶叶的促销与促销组合

在市场经济条件下，由于可供消费者选择的茶叶商品及其他饮料越来越多，消费者对茶叶商品的了解越来越依赖茶叶企业所提供的信息。因此，茶叶企业为了取得营销活动的成功，不仅要制定适当的价格，通过合适的分销渠道向市场提供适当的茶叶产品，而且还要采取适当的方式与茶叶消费者实现有效沟通。促销是市场营销组合的重要组成部分。

8.1.1　茶叶促销概述

茶叶企业的促销活动，实际上是茶叶企业与公众尤其是顾客沟通的活动。为实现有效的沟通，有效传递茶叶企业和茶叶产品的有关信息，增进顾客对茶叶企业的了解和信赖，实现茶叶企业的营销目标，茶叶企业需要根据企业内外的具体情况，灵活运用广告宣传、营业推广、人员推销和公众关系等多种促销方式。

8.1.1.1　茶叶促销的实质

促进销售（promotion）一词来自拉丁语，意即“增进”“促进”。用在茶叶商品促销上，其基本含义就是茶叶企业通过一定的促进销售的手段，加强与茶叶消费者之间的信息沟通，促进消费者购买行为的发生和消费方式的变化，达到扩大茶叶销售的目的。

促进销售概念的提出被市场营销专家认为是“市场营销革命”的贡献之一，揭示了销售的实质是买卖双方之间的信息沟通，而否认了销售只是将货物推销给顾客。茶叶企业为了实现促销目标，应经常地、主动地向消费者传递信息和收集信息，而绝不能简单地将茶叶向顾客进行硬性推销。应使消费者在接收信息之后，深信购买的茶叶的确符合需要。

促进销售的方法很多，茶叶企业可运用的促销方法，可以分为人员推销和非人员推销两大类。在非人员推销中，又有广告、营业推广和公众关系 3 种方式。促销策略，就是为了达到促销目标的要求，而对这几种促销方法进行选择、组合和应用。

8.1.1.2　茶叶促销的作用

茶叶促销活动不仅仅是一种促成茶叶所有权转移的行为，而且具有更为积极的意义。这种积极的意义就在于观念上的突破和更新。将“推”字改为“促”字的意义，就在于茶叶企业在促销活动中，不仅要促成显在的或潜在的消费者购买行为的产生，而且需要主动地向消费者传递和收集关于茶叶消费使用的信息，帮助和指导消费者的消费行为，增进交换双方的了解。只有在交换双方相互了解的基础上，茶叶促销才是积极有意义的。促销的作用有以下几个方面。

1. 提供信息

茶叶在尚未进入市场之前，茶叶厂家和经营单位都应及时地向消费者提供茶叶信息，介绍茶叶的功用、饮用和保管方法，引起消费者的注意，同时，茶叶经营者，尤其是中间商，需要通过茶叶厂家提供的茶叶信息，采购适销的茶叶。

2. 增加需求

茶叶厂家向中间商及消费者传递信息，或茶叶中间商向消费者传递信息，不仅可以引起注意，引导需求，而且还可以创造需求、增加需求。

3. 有利竞争

在饮料市场，尤其是茶类商品竞争激烈的情况下，消费者往往不易觉察到茶叶类别之间细微的差别，或不易识别出伪劣茶叶。茶叶企业可以通过促销活动，宣传自己的茶叶与竞争产品的不同，使消费者认识到该茶叶带给他们的特殊利益，这对于扩大销售，不仅是非常重要的，而且对于伪劣茶叶的揭露，也是非常必要的。

4．稳定销售

市场经济下茶叶销售量的不稳定，即市场地位的不稳定，是不可避免的。茶叶企业可以通过加强促销宣传活动改变这种情况，使潜在消费者改变顾虑与观望的态度，使更多的茶叶消费者产生对本企业茶叶的偏爱，达到稳定销售的目的。

5．协调作用

促销策略不但是茶叶企业市场经营组合的一个重要组成部分，还具有协调配合其他市场经营策略形成整体经营战略的作用，如图 8-1 所示。

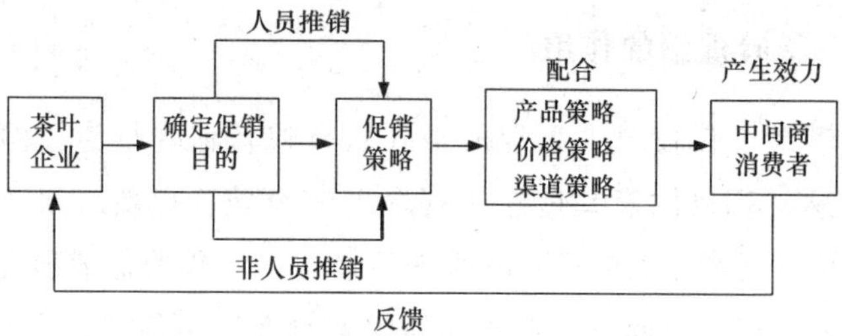

图 8-1　促销策略与其他营销组合策略协调图

8.1.2　茶叶促销的组合及其影响因素

茶叶促销活动的作用是通过有目的、有计划地把各种促销方法配合起来实现的。这种有计划、有目的地把人员推销、广告宣传、营业推广和公众关系 4 种促销方法配合起来，综合运用，形成促销策略的工作就是促销组合。

促销组合是一个有机的整体，既可独立起作用，又可相互配合，共同起作用。其结构模式如图 8-2 所示。

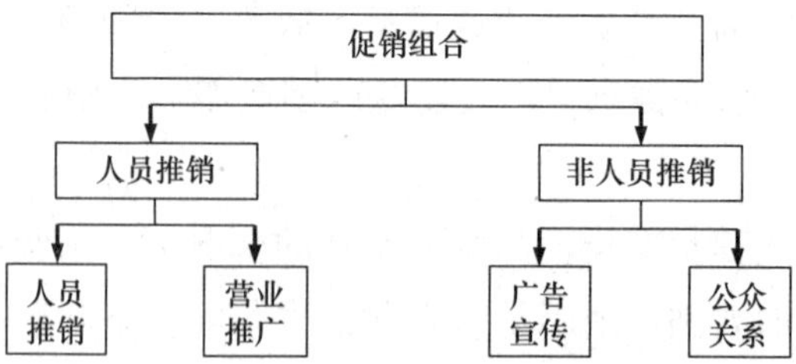

图 8-2　促销组合结构模式

人员推销和非人员推销的方式和作用是不同的。人员推销是采取直接的、主动的方式同茶叶消费者、茶叶消费单位或经营单位接触进行推销活动。非人员推销是采取间接的、积极的方式，以沟通信息为主，向促销对象介绍茶叶有关信息，帮助促销对象认识茶叶，使其产生购买茶叶的欲望和行为。人员推销和非人员推销两者各有其优缺点和适应范围，故两者必须相互配合，如人员推销借助广告宣传介绍，引导更多的潜在消费者；广告宣传配合人员推销则促销效果会更好，这就是需要设计促销组合以达到促销目标的原因所在。

为了制定一个恰当的促销组合和促销策略，现将有关影响促销组合和促销策略的因素加以分析说明。

8.1.2.1　产品性质

产品性质不同，促销方式就有所不同。就用于直接饮用的茶叶来讲，由于购买者分散、广泛，消费和购买具有季节性，对茶叶知识了解不够，因此，宜采用广告宣传和营业推广为主，经常向消费者介绍茶叶信息并提醒消费者在何时、何处购买何种茶叶。而对于用于生产饮料或转售等情况的茶叶促销，由于购买的批量大、购买者数量少，因此，比较适宜采用人员推销、营业推广等方式，直接将茶叶推向客户。

8.1.2.2　目标市场

根据目标市场的范围大小、市场类型和顾客情况不同，可采取不同的促销策略。如对小规模市场、茶叶批发市场、某几个地区、某茶叶消费单位（宜用劳保茶的工厂企事业单位），应以人员推销为主；对在广泛市场，如在全国茶叶市场甚至国际茶叶市场进行促销，则以广告宣传、营业推广的方式为主。又如，对文化程度较低的消费者群宜以直观的视听广告宣传方式为主，而对文化程度较高的消费者群，使用说明性强的知识介绍与宣传，更利于顾客接受。

8.1.2.3　茶叶企业规模

茶叶企业如果生产或经营规模小，茶叶产量低，又难以支付广告费用，应以人员推销及营业推广等方式为主进行促销更实际些。

8.1.2.4 茶叶的生命周期

茶叶在市场生命周期的不同阶段，促销目标不同，应选择、配置不同的促销组合及相应的促销策略。如表 8-1 所示。

表 8-1 促销组合的策略

茶叶生命周期	促销主要目标	主要促销方式
介绍阶段	帮助顾客认识了解	各种广告
增长阶段	增强顾客兴趣	改变广告形式、配合人员推销
成熟阶段	形成偏好、稳定顾客	营业推广、广告宣传
衰退阶段	加强顾客信任、促进顾客购买	营业推广为主、减价

注：各阶段应注意降低顾客的不满，不断改进广告方式，充分利用公众关系。

由表 8-1 可知，在组合促销方式时，除应考虑茶叶生命周期的不同阶段外，还需针对不同的促销目标，配置设计相应的促销组合。

8.1.2.5 促销费用预算

茶叶企业促销，必然要花费促销费用。因此，在制定促销组合时，需要对这些费用进行预算，力争用较少的且必要的费用开支，取得尽可能大的销售效果。促销费用的多少，与所要采取的促销手段或促销组合策略有关。往往最好的促销组合，不一定费用最大，而是促销手段配合运用得当、在促销活动中受干扰最小的组合。因此，如何支出费用，关键是要看促销组合可能带来的实际经济效果并随时进行预算调整。具体安排费用时，可参考下列方法，如根据本年度的营业额或下年度计划的营业额，确定一个百分比；根据竞争者的预算标准确定自己的预算标准；根据企业的促销目标和其他因素的相对条件确定预算费用；根据茶叶企业自身的财力量力而行，即企业能够拿出多少资金做促销，就预算多少促销费用。总之，安排多少促销费用为宜，应该综合上述诸因素考虑。即对茶叶处于生命周期的哪个阶段、顾客对于茶叶的需求程度、企业对费用的负担程度、竞争者的促销策略等因素进行综合考虑。

8.2　广告策略

8.2.1　广告的概念及其作用

8.2.1.1　广告的概念

在现代社会中，广告充斥着人们日常生活的方方面面，已经成为社会生活不可缺少的一个组成部分。它带给社会各阶层人们异常丰富、形式多样的各类信息，有力地冲击着我们的眼睛、耳朵、大脑，甚至直达心灵的深处。“你可以爱我，你可以恨我，却不能不理我”——这是广告的自白。我们无法估量它的影响力，它既让人欢喜又让人忧。

1．广告概念的定义

一般来说，广告有广义与狭义之分，如表 8-2 所示。现代广告的广义概念是与信息社会紧密相连的一个历史范畴，它是维持与促进现代社会生存与发展的一种大众信息传播工具和手段。广义的广告，包括经济广告与非经济广告。经济广告又称为商业广告，它所登载的是有关促进商品或劳务销售的经济信息。尽管内容多样，表现手法不一，但都是为经济利益服务的。非经济广告即非商业广告，是指除了经济广告以外的各种广告，如各社会团体的公告、启事、声明、寻人启示、征婚启事等。狭义的广告特指经济广告（商业广告）。

表 8-2　广告概念的类别

广告概念的类别		举例
广义的广告	经济广告（商业广告）	企业的有关广告，如可口可乐广告
	非经济广告（非商业广告）	公益广告、政治宣传广告、政府公告、征婚启事等
狭义的广告	特指经济广告（商业广告）	

不同于普通消费大众的判断标准，广告研究者提出了他们的广告概念。这

一概念来源于生活中广告形态的发展变化，是学习广告、研究广告、从事广告职业的基本出发点。

一方面，所有的广告都是通过一定的媒介渠道，向受众传播的一种特定信息，这种信息是经过某种艺术处理过的信息。因此，“传播信息”应是所有广告共有的一个本质特征。

另一方面，广告不仅是传播商品信息、促进企业实现利润的营销手段之一，而且是不知不觉地影响着社会生活的一个重要的信息源。它具有告知、诱导、教育、协调、娱乐等功能，渗透到社会生活的各个方面，从而取得经济效益和社会效益。与其他类型的传播活动相比，广告是一种集说服性、高监控性、科学性与艺术性等特征于一体的公开、有偿的信息传播活动。

因此，通过对广告性质特征的分析，借鉴传播学和营销学等学科对广告定义的研究成果，我们可以这样定义现代广告：现代广告是指一种由广告主付出某种代价，通过传播媒介将经过科学提炼和艺术加工的特定信息传达给目标受众，以达到改变或强化人们观念和行为为目的的、公开的、非面对面的信息传播活动。

这个定义是以大众传播理论为基础，从广义广告的角度进行概括的。它包括了几个方面的内涵，反映出现代广告的如下主要特征。

（1）这一定义强调了广告的本质特征是一种以公开的、非面对面的方式传达特定信息给目标受众的信息传播活动，而且这种特定信息是付出了某种代价的。

（2）这一定义指出了行为的法律责任人。这是广告与新闻等其他信息传播活动的不同之处。

（3）这一定义明确了广告是一种通过科学策划和艺术创造将信息符号高度形象化的、带有科学性和艺术性特征的信息传播活动。

（4）这一定义指出了传播媒介的重要作用。现代广告是非个人的传播行为，一定要借助某种传播媒介才能向非特定的目标受众广泛地传达信息。这既决定了它是一种公开而非秘密的信息传播活动，也决定了传播者必须置身于公众和社会的公开监督之下。

（5）这一定义说明了广告是为了实现传播者的目标而带有较强自我展现特征的说服性信息传播活动，通过改变或强化人们的观念和行为来达到其特定的传播效果。观念指的是思想、政治、文化等意识形态方面的信息，行为则包括了商品、服务、生活等消费形态方面的信息，从而概括了广义的广告内容。

2．广告的构成要素

以大众传播理论为出发点，广告信息传播过程中的广告构成要素主要包括广告信源、广告信息、广告媒介、广告信宿等。

以广告活动的参与者为出发点，广告的构成要素主要包括广告主、广告经营者（广告代理商）、广告发布者（广告媒介）、广告的目标受众、广告文本等。其中，广告主、广告经营者、广告发布者是广告运作的主体。

信源，又称编码者、讯息发送者或讯息传播者，是信息传播活动的起点，处于信息传播过程的第一环。信源（传者）、信宿（受众）、编码、译码、讯息、传播渠道（媒介）、反馈、噪声是信息传播过程的八个基本要素。信息传播流程的一个简化的模式，如图 8-3 所示。

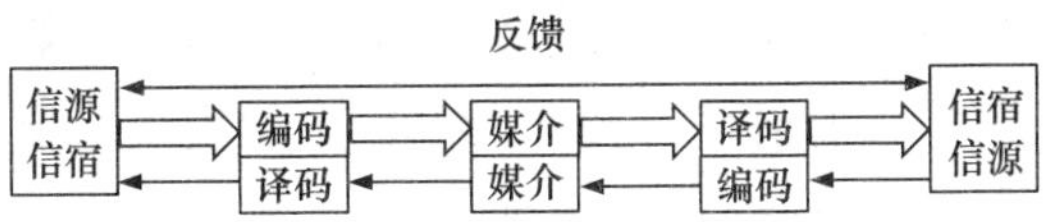

图 8-3　信息传播流程的简化模式

（1）广告信源。在广告传播活动中，广告信源是广告信息的传播者，主要指广告的制作者和经营者，如广告客户（广告主）、广告代理公司、广告制作公司、广告设计公司等。

广告信源的识别是一个特殊的范畴。一方面，广告主是广告活动的发起者，在广告活动中起主导作用。广告主根据自身的需要或根据其市场营销环境及自身实力来确定对广告的投资，是广告信息传播费用的实际支付者。另一方面，广告代理公司、制作公司、设计公司等是广告文本信息的编码者，要有较高的专业水平，其广告创意和广告文本的设计制作要能够准确体现广告主的意图，这是广告信息传播取得成功的前提。广告经营者（广告代理商）特指专业从事经营的广告公司，是连接广告主和广告发布者的桥梁，是广告活动的重要主体之一。一般来说，广告制作者和广告代理公司不会被当作真正的信源，而他们所编码的广告信息内容（如品牌、商品）才被认为是信源。

（2）广告信息。广告信息也称广告文本，是信源对某一观念或思想进行编码的结果，是对观念或思想的符号创造，是广告传播的核心。每条广告信息都包含着符号的能指和所指，即内容（说什么）和表现形式（怎么说）构成了内涵丰富的广告信息。

因广告信息的载体是符号，所以对符号的编码和译码的能力直接影响着广告信息传播的效果，影响着广告受众对广告符号的理解和接受。在现实的广告信息传播过程中，因受众在社会、文化、心理等方面的差异，广告符号无法被有效解码而影响了广告的传播沟通效果。例如，金正 VCD 的电视广告片中有句口号:“苹果熟了！”它表明的是金正 VCD 系列产品开发计划——“苹果计划”的成功实施，但对于普通受众来说却难以理解。

（3）广告媒介。广告媒介是广告信息的传输渠道或通道，是将经过编码的信息传达给受众的载体。广告传播中的媒体选择必须考虑费用、产品自身特点、媒介性质等多方面的因素，而其中媒介到达目标受众或目标市场的能力是媒介选择的前提。不同的广告主会根据各自特定的市场营销状况来选择适合自己的媒介组合。

在广告媒体已日益多元化的现代社会，应加强对新兴媒体的开发和研究，开拓媒体视野，特别是新的通信科技和网络技术的发展，使得媒体整合的有效性和科学性成为广告媒体研究的一项重要内容。

（4）广告信宿。广告信宿即广告的目标受众，也就是广告信息所要到达的对象和目的地。正如美国消费行为学家威廉·威尔姆说的:“受众是实际决定传播活动能否成功的人。”受众是广告信息传播活动取得成功的决定因素。只有当受众将广告信息解码成对他们有意义的讯息时，传播才真正开始。

同时，受众对广告信息的译码又具有不确定性。因为整个解码过程会受到诸如受众所处的信息背景、社会、文化、经济、心理等多种因素的影响和支配，并且与他们先前的全部生活经验相关。

由于受众是传播过程的主动参与者而非被动接受者，虽然可以通过调查等方式确定广告传播的目标对象，但受众在接收到广告信息后是否采取相关行动也是难以预测和控制的。

受众与消费者是两个既有联系又有区别的概念。受众是相对于广告传播而言，而消费者则是相对于市场活动、广告活动而言。当受众在接收到广告信息后采取了消费行为时，才成为消费者。

8.2.1.2 广告的作用

广告作为一种传递信息的工具，是最典型的促进销售方式，已受到普遍重视和应用。广告宣传在人们的经济生活中有着悠久的历史，是现代人们经济生活的一个重要内容。

广告的作用，最主要的是传递信息，促进销售。具体说，有以下几个方面。

1. 广而告之，唤起注意

广而告之，唤起注意是广告最基本的作用和任务。通过各种手段和技巧，把商品的信息传递给潜在消费者，使消费者知道某厂、某店、某地有某种品牌的某种特点的茶叶，起到宣传茶叶及其品牌、增进对茶叶的了解、提高茶叶企业品牌知名度的作用。如果广告不能引起人们的注意，其他作用也就无从产生。

2. 诱导需求，刺激购买

消费者在有意与无意中接受了茶叶企业广告宣传后，可能会有所考虑，留下印象，以至于引起兴趣，即接受广告的刺激，如有潜在需要，购买茶叶的欲望和行为就会发生。

3. 介绍知识，指导消费

消费者对于茶叶商品知识的了解是有限的，企业通过广告向消费者介绍茶叶商品的性质、使用和保养知识，对指导用户选购、引导消费非常必要，尤其是茶叶新产品的广告介绍，更有助于解除消费者的顾虑，刺激购买茶叶欲望。除此之外，一则好的茶叶广告，通过优美的画面、音乐、文字还可以陶冶人们的情操。

8.2.2 广告的分类

根据不同的需要和标准，可以将广告划分为不同的类别。如在前面的广告概念一节中，按照广告的最终目的将广告分为商业广告和非商业广告；又如根据广告产品的生命周期划分，可以将广告分为产品导入期广告、产品成长期广告、产品成熟期广告、产品衰退期广告；再如按照广告内容所涉及的领域将广告划分为经济广告、文化广告、社会广告等类别。不同的标准和角度有不同的分类方法。广告类别的划分并没有绝对的界限，主要是为了提供一个切入的角度，以便更好地发挥广告的功效，更有效地制定广告策略，从而正确地选择和使用广告媒介。以下介绍一些较常运用的广告类别。

8.2.2.1 按照广告诉求方式分类

广告的诉求方式就是广告的表现策略，即解决广告的表达方式——“怎么说”的问题。它是广告所要传达的重点，包含着“对谁说”和“说什么”两个方面的内容。通过借用适当的广告表达方式来激发消费者的潜在需要，促使其产生相应的行为，以取得广告者所预期的效果。按照广告诉求方式分类，广告可以分为理性诉求广告和感性诉求广告两大类。

1．理性诉求广告

广告通常采用摆事实、讲道理的方式，向广告受众提供信息，展示或介绍有关的广告物，有理有据地进行论证接受该广告信息能带给他们的好处，使受众理性思考、权衡利弊后能被说服，而最终采取行动。例如，家庭耐用品广告、房地产广告等较多采用理性诉求方式。

2．感性诉求广告

广告采用感性的表现形式，以人们的喜怒哀乐等情绪，亲情、友情、爱情以及道德感、群体感等情感为基础，对受众诉之以情、动之以情，激发人们对真善美的向往并使之移情于广告物，从而在受众的心中占有一席之地，使受众对广告物产生好感，最终发生相应的行为变化。例如，日用品广告、食品广告、公益广告等常采用这种感性诉求的方法。

8.2.2.2 按照广告媒介的物理性质分类

按照广告媒介的物理性质进行分类是较常使用的一种广告分类方法。使用不同的媒介，广告就具有不同的特点。在实践中，选用何种媒介作为广告载体是制定广告媒介策略时所要考虑的一个核心内容。传统的媒介划分是将传播性质、传播方式较接近的广告媒介归为一类。主要分 7 类。

1．印刷媒介广告

印刷媒介广告也称为平面媒体广告，即刊登于报纸、杂志、招贴、海报、宣传单、包装等媒介上的广告。

2．电子媒介广告

电子媒介广告指以电子媒介如广播、电视、电影等为传播载体的广告。

3．户外媒介广告

户外媒介广告指利用路牌、交通工具、霓虹灯等户外媒介所做的广告，还有利用热气球、飞艇甚至云层等作为媒介的空中广告。

4．直邮广告

直邮广告指通过邮寄途径将传单、商品目录、订购单、产品信息等形式的广告直接传递给特定的组织或个人。

5．销售现场广告

销售现场广告又称售点广告或 POP（Point of Purchase）广告，就是在商场或展销会等场所，通过实物展示、演示等方式进行广告信息的传播，有橱窗展示、商品陈列、模特表演、彩旗、条幅、展板等形式。

6．数字互联媒介广告

数字互联媒介广告是利用互联网作为传播载体的广告形式，具有针对性强、互动性强，传播范围广，反馈迅捷等特点，发展前景广阔。

7．其他媒介广告

其他媒介广告是指利用新闻发布会、体育活动、年历、各种文娱活动等形式开展的广告。

以上是根据媒介来划分广告的方法，较为传统。以当今整合营销传播的观点，针对目标受众的活动区域和范围，可以将广告分为：家中媒介广告，比如报纸、电视、杂志、直邮等媒介形式的广告；途中媒介广告，比如路牌、交通、霓虹灯等媒介形式的广告；购买地点媒介广告等。

随着科学技术水平的不断提高与发展，媒介的开发和使用也在日新月异地变化着，新兴媒介不断进入人们的视野，成为广告形式日益丰富的催化剂。

8.2.2.3　按照广告目的分类

制订广告计划的前提是必须首先明确广告目的，才能做到有的放矢。根据广告目的确定广告的内容和广告投放时机、广告所要采用的形式和媒介，可以将广告分为产品广告、企业广告、品牌广告、观念广告等类别。

1．产品广告

产品广告又称商品广告，是以促进产品的销售为目的，通过向目标受众介绍有关商品信息，突出商品的特性，以引起目标受众和潜在消费者的关注，力求产生直接和即时的广告效果，在他们的心目中留下美好的产品形象，从而为提高产品的市场占有率、最终实现企业的销售目标埋下伏笔。

2．企业广告

企业广告又称企业形象广告，是以树立企业形象、宣传企业理念、提高企业知名度为直接目的的广告。虽然企业广告的最终目的是实现利润，但它一般着眼于长远的营销目标和效果，侧重于传播企业的信念、宗旨或者企业的历史、发展状况、经营情况等信息，用以改善和促进企业与公众的关系，提高企业的知名度和美誉度。它对产品的销售可能不会有立竿见影的效果，但由于企业声望的提高，使企业在公众心目中留下了较美好的印象，对加速企业的发展具有其他类别的广告所不具备的优势，是一种战略意义上的广告。企业广告具体还可以分为企业声誉广告、售后服务广告等类别。

3．品牌广告

品牌广告是以树立产品的品牌形象、提高品牌的市场占有率为直接目的，突出传播品牌的个性以塑造品牌的良好形象。品牌广告不直接介绍产品，而是以品牌作为传播的重心，从而为铺设经销渠道，促进该品牌下产品的销售起到很好的配合作用。

4．观念广告

观念广告即企业对影响到自身生存与发展的，并且也与公众的根本利益息息相关的问题发表看法，以引起公众和舆论的关注，最终达到影响政府立法或制定有利于本行业发展的政策与法规，或者是指以建立、改变某种消费观念和消费习惯的广告。观念广告有助于企业获得长远利益。

8.2.2.4　按照广告传播区域分类

根据营销目标和市场区域的不同，广告传播的范围也就有很大的不同。按照广告媒介的信息传播区域，可以将广告分为国际性广告、全国性广告和地区性广告三类。

1．国际性广告

国际性广告又称全球性广告，是广告主为实现国际营销目标，通过跨国传播媒介或者国外目标市场的传播媒介策划实施的广告活动。它在媒介选择和广告的制作技巧上都较能针对目标市场的受众心理特点和需求，是争取国外消费者，使产品迅速进入国际市场和开拓国际市场必不可少的手段。

2．全国性广告

全国性广告即面向全国受众而选择的全国性的大众传播媒介的广告。这种广告的覆盖区域大，受众人数多，影响范围广，广告媒介费用高，较适用于地区差异小、通用性强、销量大的产品。因全国性广告的受众地域跨度大，此类广告应注意不同地区受众的接受特点。

3. 地区性广告

地区性广告多是为配合企业的市场营销策略而限定在某一地区传播的广告，可分为地方性广告和区域性广告。地方性广告又称零售广告，为了配合密集型市场营销策略的实施，多采用地方报纸、电台、电视台、路牌等地方性的传播媒介，来促使受众购买或使用其产品，常见于生活消费品的广告，以联合广告的形式，由企业和零售商共同分担广告费用。广告主一般为零售业、地产物业、服装业、地方工业等地方性企业。区域性广告是限定在国内一定区域，比如华南区、华北区或者在某个省份开展的广告活动。开展区域性广告的产品往往是地区选择性或者区域性需求较强的产品，比如加湿器、防滑用具、游泳器材等。它是差异性市场营销策略的一个组成部分。

8.2.2.5　按照广告的传播对象划分

各个不同的主体对象在商品的流通消费过程中所处的地位和发挥的作用是不同的。为配合企业的市场营销策略，广告信息的传播也要针对不同的受众采用不同的策略。依据广告所指向的传播对象，可以将广告划分为工业企业广告、经销商广告、消费者广告、专业广告等类别。

1. 工业企业广告

工业企业广告又可称为生产资料广告，主要是向工业企业传播有关原材料、机械器材、零配件等生产资料的信息，常在专业杂志或专用媒体上发布此类广告。

2. 经销商广告

经销商广告就是以经销商为传播对象的广告。它以获取大宗交易的订单为目的，向相关的进出口商、批发商、零售商、经销商提供样本、商品目录等商品信息，比较注重在专业贸易杂志上刊登广告。

3. 消费者广告

消费者广告的传播对象直接指向商品的最终消费者，是由商品生产者或者经销商向消费者传播其商品的广告。

4. 专业广告

专业广告主要针对职业团体或专业人士。他们由于专业身份、社会地位的特殊性和权威性，对社会消费行为具有一定的影响力，是购买决策的倡议者、影响者和鼓动者，比如医生、美容师、建筑设计人员等。此类广告多介绍专业产品，选择专业媒介发布。

总之，不同的广告分类方法具有不同的目的和出发点，但它们都最终取决于广告主的需要或者企业营销策略的需要。特别是对于企业而言，广告是其市场营销的有力配合手段和工具，广告实践的发展也会使广告的分类不断地发展变化。

8.2.3 茶叶广告的设计原则

茶叶广告能否达到预期的促销目标，与茶叶广告设计技术有关，具体来说与茶叶广告设计原则、设计目标、设计内容有关。

8.2.3.1 茶叶广告设计的目标

广告目标是广告活动的目的。茶叶企业使用广告的最终目标是扩大茶叶销售量，为企业实现更多的利润。使用广告的直接目标则是增进潜在消费者对本企业及茶叶产品的了解，从而诱导和激发消费者对茶叶的关注和兴趣。

茶叶广告的目标需根据企业的销售因素组合来确定。在茶叶企业市场活动的不同阶段，茶叶广告的具体目标有所不同。主要有以下几种。

1．以介绍为目标

这种广告属于开拓性广告，其目的是扩大茶叶的知名度，激发市场对本企业茶叶产生初步需求。包括向市场介绍一种新茶叶，说明茶叶的新用途、新功能，介绍茶叶的饮用方法、品质、价格等。

2．以说服为目标

通过注重宣传本茶叶企业及其茶叶独特的功能，说明特色，突出其异于其他茶叶之处，诱导和加强顾客对本企业茶叶的注意，说服顾客购买。这类广告属于竞争性广告，目的在于建立消费者对本企业茶叶的需求。

3．以提醒为目标

提醒消费者可能在最近（如春季买绿茶等）需要某种茶叶，提醒他们到何处购买，在购买淡季提醒消费者不要忘记本企业的茶叶。

4．以树形象为目标

通过着重介绍企业管理水平、生产能力、销售市场、历史及茶叶优良品质等，提高茶叶企业市场形象和信誉。

8.2.3.2　茶叶广告设计的原则

要达到广告的预期目的，茶叶企业在设计广告时，一定要认真研究和注意以下几个原则。

1．真实性

真实性即广告内容的真实可靠性。这是茶叶企业广告设计的基本原则，只有坚持这条原则，才能获得消费者对广告的内容及茶叶企业的信任，才能达到广告的最终目的。

2．思想性

茶叶不仅是一种商品，同时又是一种物质文化与精神文化的结合体。因此，广告在内容与表述手法上必须具有时代风貌，形式健康，格调高尚，防止低级庸俗。

3．艺术性

艺术性即广告的内容与表现形式的统一性。一则好的广告必须把宣传效果、经济效果与艺术效果统一起来，在广告的艺术形式和表现手法上既要结合茶叶的特性和特征，又要主题明确、生动鲜明、引人注目，让视听者感到亲切，从美的享受中记住茶叶的品牌、特性和特征。

4．创新性

在饮料商品日益丰富的经济形势下，要使本企业茶叶在对外形象中异军突起，其广告必须设计新颖、内容独特、形式多变，切忌人云亦云，千篇一律。

8.2.3.3　茶叶广告的内容设计

茶叶广告是根据不同的内容而设计的，茶叶广告的内容一般由茶叶广告的目标确定。茶叶广告的内容设计一般包括文稿的构思和表达形式的选择两部分。

1．茶叶广告文稿的构思

茶叶广告文稿是表现茶叶广告内容的语言文字，无论是报刊广告，还是广播、电视广告，首先都要创作广告文稿。按广告的接收方式分视觉广告文稿、视听广告文稿、听觉广告文稿；按广告的表现形式分广告小品文稿、广告解说词文稿、广告诗文稿、广告歌文稿、广告剧文稿、广告画文稿、综合性广告文稿等。

茶叶广告文稿的组织没有固定的格式，排列比较自由，写法也灵活多样，通常包括三大部分，即标题部分，一般列出茶叶的名称、商标或企业的名称，标题部分一定要醒目，使人一目了然；正文部分，这是广告的主体部分，一般介绍茶叶的品种、特点、功能、用途、规格、价格、饮用方法、保管方法、荣获的各种称号和奖励以及市场和消费者的反映等；结尾部分，写明厂名、厂址、电报挂号、电话号码、邮政编码，必要时还可写上开户银行、银行账号以及购销方法，以便茶叶需求者联系购买。

茶叶广告文稿如何构思和撰写、选择哪一类文稿、文稿结构的简繁，都由茶叶企业的广告目标及广告媒体来确定。

2．茶叶广告形式的设计

茶叶广告形式的设计即具体设计采用哪种艺术表现形式，向受众传递广告的具体内容，包括使用什么样的语言、词句、口吻、格式、体裁、画面等来表达广告的内容，加强广告的效果。茶叶广告的形式是多种多样的，比如取人们的日常生活片段，显示消费者正在饮用并赞赏广告中的茶叶；在广告中显示茶叶如何适应人的生活方式；设计一种有利于宣传茶叶特点和用途的幻想境界，或借助茶叶唤起人们美好的、宁静的情趣和联想；巧妙地运用音乐、画面、舞蹈、人格化展示等手法来展示茶叶，使人们更加喜爱茶叶；恰当地运用科学鉴定、实验结果、奖励证明、消费者意见等来树立茶叶企业声誉和增强消费者的信任感等。

3．茶叶广告设计的要求

根据前面所谈广告的设计，要使其达到广告的目标，必须符合下列基本要求：无论采用何种媒体、何种表现形式传递茶叶信息的广告，首先是有特色、有吸引力，能引起人们的注意，这是最基本的要求。否则，广告的目的便达不到。其次是能引人入胜，让人喜欢，才能产生兴趣。再次是让人相信，感到宣传不是虚假夸大，而是可以证实。此外，还要求宣传内容容易理解，便于记忆。广告的时间一般很短，因此，要求广告文字简短、语言精练、表意准确，以便理解和记忆。最后是要具有感染力，让人产生联想，从而刺激购买行为并改变生活方式。

8.3　销　　售

要使茶叶产品到达消费者手中，必须经过流通领域才能实现。商品在流通领域内的转移过程，实际上是商品所有权与商品实体转移的统一。本书侧重从所有权转移的角度，分析茶叶销售渠道的结构与选择、成员类型和作用以及实体分配中的策略。

8.3.1　茶叶销售渠道概述

8.3.1.1　茶叶销售渠道的概念

茶叶销售渠道，也称营销渠道，是指产品从生产者手中转移至消费者手中所经过的途径和环节。在市场营销中，大部分生产企业为满足市场需要所生产的产品，并不直接向最终用户和消费者出售，而是借助于一系列中间商的转卖，到达消费者手中。与产品转移相关联的各种类型的营销中介机构组成的销售渠道，通常包括制造商或农户等生产者、代理商、批发商、零售商及其他卖主和买主，由他们组成“渠道成员”。

8.3.1.2　茶叶销售渠道的作用

茶叶销售渠道的作用主要是实现其经销的产品从生产者向消费者的转移，具体功能如下。

（1）通过调查研究、宣传广告等多种手段和方式，收集与传播有关现实与潜在顾客的信息。

（2）采取有效的方法促进茶叶产品销售。

（3）与相关客户洽谈生意，实现商品所有权的转移。

（4）实现茶叶产品的储存、运输、分类和包装。

（5）资金融通。

（6）承担一定的风险。

在不同的销售渠道中，这些作用由不同的渠道成员承担。

此外，茶叶在销售渠道的流动过程中，还有一些环节必不可少，如银行、保险、运输、仓储、广告、咨询等公司，以及海关、商品出入境检验检疫局等机构，它们虽不处在渠道之中，或者说，它们并不直接介入茶叶商品所有权的转移过程，但与渠道运行有密切关系。从茶叶销售渠道中存在的五种物质与非物质形态“运动流”图中可以清楚地看出，简单的茶叶销售渠道也呈现出错综复杂的关系（见图 8–4）。

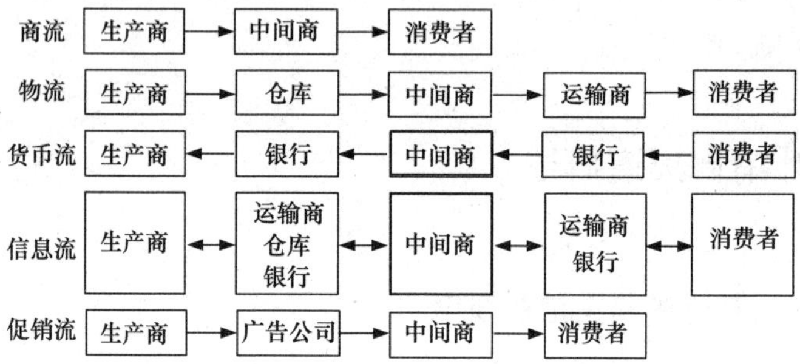

图 8–4　茶叶销售渠道中的五种形态“运动流”

8.3.1.3　茶叶销售渠道的类型

除了茶叶销售渠道的起点——生产者和处于渠道终点的消费者以外，茶叶产品每经过一个直接或间接转移其商品所有权的营销机构，如批发商、代理商、零售商等，就称为一个流通环节或中间层次。在销售渠道中，经过环节的多少和各个渠道的长短都需要进行决策。

在我国，茶叶既是传统的出口物资，又是国内的畅销商品。它的销售渠道，从不同角度进行分类，大致可以概括如下。

1．按有无中间商分类

（1）直接销售渠道。直接销售渠道又称直销，是指茶叶产品从生产者直接流向最终消费者的过程。即产品在流通过程中，不经过任何中间商转卖，如图 8–5（a）所示。

（2）间接销售渠道。间接销售渠道是指茶叶产品从生产者流向最终消费者的过程中，需要经过 1 个或 1 个以上中间商的渠道，如图 8–5 中的（b）（c）（d）所示。

（a）直销　　　生产者 -- 消费者
（b）一级渠道　生产者 --------------------- 零售商 --------------------- 消费者
（c）二级渠道　生产者 ------------- 批发商 ------------- 零售商 ------------- 消费者
（d）三级渠道　生产者 ------- 代理商 -------批发商-------零售商 ------- 消费者

图 8-5　茶叶销售渠道的基本类型

我国茶叶产品在国内外的市场销售，既有直接渠道，也有间接渠道。直接销售的方式和途径包括：国内外用户直接向生产企业订货；生产企业出去推销，送货上门；生产企业设立进出口部或开设门市；生产企业在外地设立分支机构，现货销售；生产企业在国内外的商品博览会、展销会、交易会、订货会上，直接与客户签订合同成交；生产企业采用邮购、电话等方式进行交易，由厂家直接向用户出售其产品。

随着信息产业的发展，在网上进行茶叶交易发展迅速，这种方式可以由厂家直接与消费者发生交易。这种新型的直接销售渠道，使茶叶交易更加快捷、方便。

2．按流通环节多少分类

（1）长渠道。销售渠道的流通环节多于两个以上者，称为长渠道，如图 8-5 中的（c）和（d）为典型的长渠道类型。

（2）短渠道。销售渠道的流通环节少于两个者，称为短渠道，如图 8-5 中的（b）。

销售渠道的长短，不能决定营销效果的优劣。营销效果是由产品或企业自身经营特点所决定的。

3．按同类型中间商多少分类

根据流通渠道中使用同类型中间商数目的多少来划分，有以下几类。

（1）宽渠道。宽渠道是指茶叶制造商通过许多批发商、零售商将其产品销售到广大地区，送到终端消费者手中。例如，某品牌茉莉花茶从厂家经多次批发，销往东北、华北地区的中小城市和农村的消费者手中，这种销售渠道就比较宽，属于宽渠道销售类型。

（2）窄渠道。如果生产厂家只通过数量很少的专业批发商销售其产品，这种销售渠道就比较窄，属于窄渠道销售类型。

渠道的宽与窄，并不是衡量销售优劣的决定因素。

8.3.2 茶叶销售渠道的选择与维护管理

8.3.2.1 选择茶叶销售渠道的影响因素

茶叶销售渠道的选择与管理很重要，但比较复杂。因为茶叶产品既有跨国界的销售活动，又有国内庞大的销售市场。渠道选择不仅受国际贸易方式、国际惯例的影响，而且还受不同国家内部分销系统以及其他因素的影响。渠道管理的影响因素也很复杂。

销售渠道的选择决定茶叶产品到达目标市场的途径是否为最佳途径，其决策受茶叶产品特性、市场情况、企业自身条件和社会环境等因素制约，需要全面考虑，权衡利弊。

1. 茶叶产品特性

茶叶产品主要用作饮料，也可以综合利用于食品、医药、化工、建材和水产等领域，但不论用于何种行业，都必须保证产品的新鲜度和品质要求，即产品原有的色、香、味、形。由于茶及茶的提取物具有容易吸湿、吸潮和易氧化的特点，除了需要采用特殊的包装之外，还必须尽快送达顾客手中，因此，不宜选择流通环节过多的长渠道，特别是那些名贵产品（含茶的提取物），更适合直销。

2. 市场因素

（1）消费者的数量和分布状况。就国际市场来说，目前我国茶叶产品已销售至世界二百余个国家和地区。近些年来，主要集中在非洲和亚洲市场。国内市场也很广阔，边疆少数民族更是有“宁可三日无食，不可一日无茶”的饮茶习惯，茶已成为他们的生活必需品。由此可见，我国茶叶在国内外市场，消费者的数量多而分散，因此，从市场因素来看，销售渠道必须宽而长。

（2）销售量大小。在履行某个地区的合同的同时，凡是需要大批量成交茶叶产品，或者对需求量大的用户，多采用直接销售，以减少中间环节；对购买量小而购买次数多的，常采用间接销售。

（3）消费者的购买习惯。由于茶叶产品是人们的日常饮料，消费者希望随时就地购买，因此，企业应采用中间商，扩大销售网点，更好地满足消费者的需要。

3. 生产企业自身因素

茶叶生产企业自身财力雄厚，信誉良好，具有经营管理的能力和销售业务的经验，对选择中间商就有很大的主动权；如果企业自身的销售能力较弱，则只能依靠中间商的力量推销其产品，这样就会使销售渠道变得长而宽。此外，企业自身还应考虑经济效益，采用直接的、短而窄的渠道，要比间接的、长而宽的销售渠道经济效益好。

4. 社会环境

国家对茶叶产品的购销政策、税收政策、进出口政策以及国际市场各种惯例及相关规定等，均成为茶叶企业选择销售渠道的重要影响因素。

8.3.2.2 茶叶销售渠道的设计与评价

销售渠道的设计是国内外茶叶销售渠道决策的核心，尤其是考虑到某些渠道一旦确立，就不便于轻易变更，更应慎重从事。根据前述销售渠道的诸多影响因素，渠道的设计有如下几种策略可供选择。

1. 直销与短渠道销售相结合

直接销售与短渠道销售各有利弊，各有其相应的条件和范围。茶叶企业在决策时，应对产品品牌、信誉、市场容量、竞争对手、企业销售能力、财力、物力以及经济效益等方面综合分析，权衡利弊，然后做出最佳决策。茶叶产品是人们的日常饮料，普通消费者需要经常性地反复购买，因此，可采取长而宽的渠道。国外大客户或是长期的老客户，茶叶的一次性交易量很大，可采用直销或选择直销与短渠道相结合的策略。

2. 宽窄渠道相结合

销售渠道的宽窄，是指企业在同一层次的销售渠道中，使用中间商数目的多少而言。企业对销售渠道宽窄的选择，一般有密集型、择优和独家经销三种策略可供选择。最后决策时，可以择其一种，或两者结合以便取长补短。

（1）密集型策略。密集型策略是指生产企业尽可能多地利用中间商推销产品。密集策略的优点：很适合一次性购买量小而频率高的消费行为。因为商品的供应点多，花色品种多，方便消费者随时随地购买；而且商品流通快，信息反馈面广而深入。缺点是生产者与中间商的关系比较松散，中间商一般不愿意为生产者负担宣传广告等促销费用。

（2）择优策略。茶叶生产企业在众多中间商中，选择具有茶叶产品专业知识、营销经验丰富，而且支付能力较强等优势的批发商、零售商，在某一区域推销自己产品的策略。它适宜于顾客对购买茶叶产品比较讲究品牌、价格、花色品种和优质服务的销售区域。这种策略的优点是中间商的优质服务，可获得消费者的持久信赖，从而获得较大的销售量，保持消费者对产品的信赖，提高渠道的运转效率。

（3）独家经销策略。独家经销策略是指在一定的市场区域内，选用一家经营经验丰富、销售能力强、信誉卓著且资深的中间商，推销自己产品的策略。它的优点是，生产企业与中间商关系非常密切。由于独家经销，中间商工作卖力，有利于提高产品信誉，扩大市场占有率，增加产品销售量；对生产者的好处是有利于控制市场，加强对中间商的管理。采用这种策略，一般需要双方协商，然后签订合同，规定各自的权限、利润分配比例、销售费用和广告宣传费用的分担比例等。这种策略适用于特殊的茶叶产品（含新开发的茶叶综合利用产品）或名贵的热销茶叶产品。

3．优选中间商

根据已确定的中间商类型和数量来选择中间商，确定他们作为渠道成员，建立企业的销售渠道系统。在此过程中，必须明确优选中间商的判断标准，大致上可以作如下考虑。

（1）具有市场代表性。产品在不同的销售区域考察中间商，首先应考察他在本企业产品目标顾客中的信誉度，与企业合作的忠诚度，与相关企业的合作关系以及资信程度等，对此进行认真的分析比较，选择适合于某区域市场发展的优秀中间商作为渠道成员。

（2）经营绩效。考察过去经营茶叶企业产品的业绩，包括市场销量、产品市场占有率、成本、利润、仓储、运输能力、销售队伍专业素质和市场保护措施等。对这些因素进行综合权衡，从不同市场销售渠道中选择优秀的中间商。

（3）竞争情况。选择合适的茶叶中间商，还应考虑他所经销同类产品的情况。如果经销商经销竞争对手的同类茶叶产品，且本企业茶叶产品竞争力弱于竞争对手的同类茶叶产品，则要避开强者的锋芒而不予考虑。若本企业产品竞争力强，则应努力争取竞争对手的中间商，以本企业产品质量和信誉赢得市场。

8.3.2.3 茶叶销售渠道的维护与管理

要做好茶叶销售渠道的维护与管理工作，必须认识销售渠道系统的特点，才能采取相应的措施，进行有效的管理。

1．茶叶销售渠道系统的特点

（1）成员的复杂性。销售渠道成员存在个体差异，情况复杂。销售渠道成员大致有 4 种类型，各自具有不同的特点。第 1 类中间商经营实力雄厚，业绩突出，对渠道具有较强的控制能力，他们是销售渠道中的骨干成员；第 2 类中间商的经营实力较强，对经营的产品信心很足，效益较佳，在渠道中享有较优的地位，这类中间商属于坚定成员；第 3 类中间商对渠道销售没有突出贡献，他们为了谋取自身利益，能较好地配合生产企业开展工作，可作为一般成员；第 4 类中间商举棋不定，不忠于现有渠道，经营效益差，不愿意为渠道做出更多努力，一直在寻找新的机遇，以便随时退出现有渠道。

（2）组织领导的松散性。传统型销售渠道的确立，基本上是按照生产者的意图组建销售渠道系统，成员之间各自发挥自己的功能和作用，各尽所能，各得其所。彼此相互依存的纽带就是所推销的产品。因此，在这个系统中的组织领导，无形中应该是产品的生产者，但是他们之间均为独立的企业，不存在上下级关系，只是一种较为松散的组织结构。由于组织领导比较松散，这样就给渠道的维护和管理带来一定的困难。

（3）渠道成员间的合作与竞争性。销售渠道成员之间的合作，是由于彼此间具有共同的利益需求，为销售更多的产品，获得更大的社会经济效益。但是，在同一目标市场中的冲突和竞争也会无时不在。一方面，存在于水平渠道的冲突，即指同一渠道层次内的各成员之间的利害冲突；另一方面，也表现在垂直渠道中的冲突，即不同渠道层次中成员之间的利害关系引发的冲突。诸如此类矛盾，如果解决得好，可使产品推销更上一层楼；但如矛盾冲突进一步扩大或恶化，可能造成整个渠道系统瘫痪，甚至失去市场。

2．茶叶销售渠道的维护管理

茶叶生产企业选择了销售渠道和中间商以后，要加强对销售渠道的维护管理，以谋求自身企业与中间商的相互支持和友好合作，做到互惠互利，风险共担，共同繁荣，共同发展。

（1）建立健全管理档案和制度。对大型的茶叶生产企业来说，其产品有国际、国内两大市场，需要设立专门机构管理销售渠道，或者至少要有专人负责经常收集、分析整理有关中间商所处地理位置、发展历史、组织形式、资本大小、经营范围、经营特色、业务能力、资信状况、管理水平、经营作风、储运条件以及合作关系等，建立档案，健全管理制度，实现对销售渠道的专门化和系统化管理。

（2）定期评价成员绩效。茶叶生产企业应根据不同渠道的特点，定期对渠道成员的销售指标、供货状况、库存数量、供销活动、服务水平，以及与本企业和渠道成员之间的合作关系或满意程度等进行考评。当发现某成员的绩效低于计划标准时，要找出原因并加以补救。

（3）扶持与激励中间商。茶叶生产企业为了保持产品销售渠道的高效运行，应采取有效措施来扶持和激励中间商，这是生产企业维护和管理销售渠道的重要手段，可以从以下几个方面着手。

①为中间商提供适销对路的优质产品。茶叶生产企业为中间商提供适销对路的茶叶商品，中间商不仅能获得很好的经济效益和商业信誉，而且还能使生产企业的产品销路更畅通，销量更多，经济效益也会更加显著，达到产销互利、共同繁荣的目的。

②协助中间商培训技术力量。为了更好地推销茶叶产品，优质服务于消费者，生产企业可以协助中间商进行人员培训，通过学习使渠道成员了解不同茶类产品的加工方法、储藏保鲜技术、茶叶品评和茶艺表演等专业知识与技能。销售茶叶产品时，还要通过宣传介绍，使顾客了解不同产品的风味、特色和保健功能等。

③给予中间商优惠政策。为了充分调动中间商的积极性，选择合适的中间商给予其独家经销权，使他在同行业中占有一定优势。在必要时，对中间商采取适当的让利，如提高销售利润分配比例，让中间商得到更多的实惠，促进产品销售。对成绩突出的中间商，还应给予相应的奖励。

④共同促销。当茶叶新产品进入老市场或开发新市场时，由于消费者对产品陌生，经销商不愿意经销。生产企业则应主动承担风险，为中间商提供强有力的宣传广告和其他促销支持，共同促销。

（4）调整销售渠道。由于社会环境、市场情况、销售渠道和企业内部条件发生变化，原有渠道不能适应新的消费需求，则应采取有效措施，对销售渠道和中间商做适当调整。一般可酌情选择如下方法。

①增减分销渠道。由于消费需求发生较大的变化，如某一种茶叶产品数量猛增，明显感到分销渠道不足，就应该增加分销渠道；若某一分销渠道明显萎缩，产品销量大幅度下降，甚至造成积压，则应精简渠道。

②增减渠道中间商。如某一中间商因经营管理不善，严重影响了产品销量和市场占有率，可以考虑撤换中间商，寻求有发展前途的中坚力量；如因竞争对手的同类产品销售渠道扩大，致使本企业产品销量明显减少，就应及时增加中间商数量。

③修正销售渠道。由于市场或企业本身情况发生根本性变化，需要转移目标市场，可改间接销售为企业自身直接销售，或以代理商取代独立经销商，等等，这样，原来的分销渠道系统就需要修正或部分废弃。但这种处理方法难度很大，需要谨慎行事。

【本章小结】

广告，是茶叶企业通过有偿使用一定媒体采取通告、劝说并且引起顾客对其茶叶产品和公司的注意，进而激发顾客购买茶叶的欲望，促进茶叶销售的公开宣传活动，是一个有力的宣传工具。首先，做广告的茶叶企业应清楚广告的目标是告知、劝说、提醒购买者，还是塑造茶叶企业形象。其次，应根据本企业支付能力大小、所占销售额的百分比、竞争对手的广告开支或者目标及任务而制定合适的广告策略并选择合适的广告媒介。最后，应在广告开始前、进行中和进行后对广告和销售效果进行评估。

要使茶叶产品从生产者转移到消费者手中，必须通过流通领域才能实现。也就是说，茶叶产品转移需要经过各种途径和流通环节，实现商品所有权与商品实体的转移，这种流通领域称为销售渠道或营销渠道。

促销是市场营销组合的重要组成部分。茶叶企业的促销活动，实际上是茶叶企业与公众尤其是顾客沟通的活动。为实现有效的沟通，有效传递茶叶企业和茶叶产品的有关信息，增进顾客及其他公众的了解和信赖，实现茶叶企业的营销目标，茶叶企业需要根据企业内外的具体情况对广告宣传、营业推广、人员推销和公众关系等多种促销方式作灵活选择、组合和运用。为了制定一个恰当的促销组合和促销策略，需充分考虑分析影响促销组合和促销策略的有关因素：茶叶产品性质、目标市场特点、产品生命周期、茶叶企业规模、促销费用预算等。

如何选择最佳的茶叶销售渠道，对茶叶产品进入目标市场和取得最佳社会经济效益至关重要。茶叶销售渠道的选择受茶叶产品特性、市场情况、企业自身条件和社会环境、中间商情况等因素的制约，需要全面考虑，权衡利弊，才能做出正确的决策。

参考文献

［1］郭国庆．市场营销学［M］．北京：中国人民大学出版社，2022.

［2］杨佳利，肖华茂．市场营销学［M］．北京：企业管理出版社，2023.

［3］肖力争．茶叶市场营销学［M］．北京：世界图书出版公司，2017.

［4］姜含春．茶叶市场营销学［M］．北京：中国农业出版社，2010.

［5］柏龚．中国茶叶营销第一书［M］．北京：·中华工商联合出版社，2014.

［6］戴高诺．茶叶应该这样卖［M］．北京：中国经济出版社，2017.

［7］林金科．茶健康学［M］．北京：中央广播电视大学出版社，2016.

［8］廖翼，张婕妤，张国政．茶叶区域品牌与企业品牌的互动效应研究［M］．北京：中国农业出版社，2020.

［9］李涛，王思明，高芳．中国地理标志品牌发展报告（2019）［M］．北京：社会科学文献出版社，2020.

［10］宛晓春．中国茶谱（第二版）［M］．北京：中国林业出版社，2010.

［11］陈椽．茶叶通史［M］．北京：中国农业出版社，2008.

［12］谢付亮，张之闯．点茶成金 快速卖茶72招［M］．福州：福建人民出版社，2013.

［13］菲利普·科特勒，凯文·莱恩·凯勒．卢泰宏译，营销管理（第13版·中国版）［M］．北京：中国人民大学出版社，2009.

［14］郭国庆．市场营销学［M］．武汉：武汉大学出版社，2000.

［15］吴健安．市场营销学（第三版）［M］．北京：高等教育出版社，2007.

［16］张云起，贺继红等．市场营销学［M］．济南：山东大学出版社，2006.